Jamie Walker
Gewaltfreier Umgang mit Konflikten in der Grundschule

Lehrer-Bücherei: Grundschule

Herausgegeben von
Horst Bartnitzky und Reinhold Christiani

Jamie Walker

Gewaltfreier Umgang mit Konflikten in der Grundschule

●

Grundlagen
und didaktisches Konzept

●

Spiele und Übungen für
die Klassen 1-4

For Noah

Gedruckt auf chlorfrei gebleichtem Papier
ohne Dioxinbelastung der Gewässer

Deutsche Bibliothek – CIP-Einheitsaufnahme

Walker, Jamie:
Gewaltfreier Umgang mit Konflikten in der Grundschule:
Grundlagen und didaktisches Konzept; Spiele und Übungen
für die Klassen 1 – 4 / Jamie Walker. – Frankfurt am Main:
Cornelsen Scriptor, 1995
   (Lehrer-Bücherei: Grundschule)
   ISBN 3-589-05036-5

5.	4.	3.	2.		Die letzten Ziffern bezeichnen
99	98	97	96		Zahl und Jahr des Drucks.

©1995 Cornelsen Verlag Scriptor GmbH & Co. KG, Berlin
Das Werk und seine Teile sind urheberrechtlich geschützt. Jede Verwertung in anderen
als den gesetzlich zugelassenen Fällen bedarf deshalb der vorherigen schriftlichen
Einwilligung des Verlags.
Redaktion: Marion Clausen, Gleichen (Etzenborn)
Herstellung: Hans Reichert, Bad Soden
Umschlagentwurf: Studio Lochmann, Frankfurt am Main
Zeichnung auf Seite 22 mit freundlicher Genehmigung von: Quaker Peace and
Service, London · Zeichnungen auf den Seiten 66 und 81: Klaus Schröter, Berlin
Satz: FROMM MediaDesign GmbH, Selters/Ts.
Druck und Bindung: Clausen & Bosse, Leck
Printed in Germany
ISBN 3-589-05036-5
Bestellnummer 50365

Inhalt

Vorbemerkungen 7

1. **Einleitung** 8
   1.1 Das Problem 8
   1.2 Das Projekt 10
   1.3 Typische Konflikte im Klassenzimmer 11
        Konflikte unter Kindern 11
        Konflikte zwischen Lehrerinnen und Kindern 13
   1.4 Fragen zur Klärung von Konflikten in der Klasse 14

2. **Grundlagen und didaktisches Konzept** 18
   2.1 Grundlagen einer gewaltfreien Konfliktaustragung 18
        Begriffserklärungen 18
        Unverzichtbare Voraussetzungen 19
        Anforderungen an den Unterricht und die Persönlichkeit
        der Lehrerin 23
   2.2 Das didaktische Konzept 25
        Themenbereiche 25
        Hinweise zur praktischen Durchführung 25

3. **Aktuelle Konflikte in der Klasse** 28
   3.1 Fallbeispiele 28
   3.2 Vorschläge und Hilfestellungen für den Umgang
        mit Konflikten 31
   3.3 Konfliktgespräche führen 37

4. **Spiele und Übungen** 43
   4.1 Kennenlernen und Auflockern 43
        Namensspiele 43
        Kennenlernspiele 44
        Auflockerungsspiele 47
        Methoden der Paar- und Kleingruppenbildung 49
   4.2 Förderung des Selbstwertgefühls 50
        Selbstbestätigung und Identitätsentwicklung 54
        Bestätigung von anderen 56
   4.3 Kommunikation 57
        Beobachten und wahrnehmen 62
        Sich verbal und nonverbal ausdrücken 64
        Zuhören und sich mitteilen 69
        Gefühle wahrnehmen, mit Gefühlen umgehen 72

4.4	Kooperation	74
	Kooperationsspiele	78
	Nonverbale Zusammenarbeit	80
	Entscheidungsfindung in der Gruppe	82
4.5	Geschlechtsbezogene Interaktion	84
	Sich selbst und das andere Geschlecht wahrnehmen	87
	Traditionelle Geschlechterzuschreibungen hinterfragen und flexible Geschlechterentwürfe entwickeln	89
	Umgang mit sexueller Belästigung	90
4.6	Gewaltfreie Konfliktaustragung	94
	Konflikte verstehen	96
	Konfliktverhalten von Mädchen und Jungen	101
	Konflikte gewaltfrei austragen	105

5. Anhang 113

Literatur 113

Verzeichnis der Spiele und Übungen 116

Vorbemerkungen

Dieses Buch ist unter anderem das Ergebnis des *Forschungsprojekts* „Gewalt und Konfliktlösung unter Kindern: Entwicklung eines pädagogischen Konzepts zur Überwindung gewaltförmiger Konfliktaustragung in der Grundschule". Das Projekt führte ich von Oktober 1988 bis Januar 1991 mit Unterstützung des Förderprogramms Frauenforschung der Berliner Senatsverwaltung für Frauen, Jugend und Familie in Zusammenarbeit mit Kolleginnen und Kollegen der Heinrich-Zille-Grundschule in Berlin-Kreuzberg durch. Teile dieses Buches wurden bereits beim Pädagogischen Zentrum Berlin (jetzt: Berliner Institut für Lehrerfort- und -weiterbildung und Schulentwicklung) veröffentlicht.

Das leidige Problem der *Ansprache beider Geschlechter* habe ich wie folgt gelöst: Da die Mehrzahl der Lehrkräfte an Grundschulen Frauen sind, spreche ich von „Lehrerinnen" und „Kolleginnen" und schließe damit Lehrer und Kollegen ein. Um Sprachverrenkungen zu vermeiden, benutze ich Begriffe wie „Schülerinnen", „Schüler", „jede" und „jeder" abwechselnd, meine aber immer auch das andere Geschlecht. Wenn das Geschlecht wichtig ist, schreibe ich von „Mädchen" und „Jungen".

Die Namen der Kinder bei allen Konfliktbeispielen im Text wurden geändert.

An dieser Stelle möchte ich besonders folgenden Lehrerinnen und Lehrern der Heinrich-Zille-Grundschule danken, da nur ihr großes Interesse und Engagement die Durchführung des Projektes überhaupt ermöglichten: Jürgen Dreyer, Ruthild Großhennig, Alix Hölscher, Pauli Koller, Gerry Neumann, Manfred Neumann, Margret Piefke, Renate Schmidt, Anja Überrück-Duffke, Andrea-Maria Wolf und Volker Zwingert. Außerdem danke ich den Kindern, die mir durch ihre Aufgeschlossenheit, Begeisterung und ihre kritischen Fragen große Freude und Ermutigung brachten. Schließlich danke ich Klaus Matußek und Ursula Rieger vom Berliner Institut für Lehrerfort- und -weiterbildung und Schulentwicklung sowie Ursula Mahnke und Hanns-Fred Rathenow von der Technischen Universität Berlin für ihre Ermutigung und Unterstützung bei der Erstellung und Überarbeitung dieses Buches.

Ich wäre den Leserinnen und Lesern dankbar, wenn sie mir über ihre Erfahrungen mit dem Programm berichten würden. Zuschriften bitte ich an den Verlag zu senden. – Wer an Fortbildungsveranstaltungen zu Themen dieses Buches interessiert ist, wende sich bitte gleich an die Autorin: Rosa-Luxemburg-Str. 27, 15566 Schöneiche (0 30 – 6 49 29 35).

Berlin, Januar 1995   Jamie Walker

1. Einleitung

1.1 Das Problem

Konflikte – im Klassenzimmer – wann finden sie mal nicht statt? Folgende Beispiele werden die meisten Lehrerinnen so oder ähnlich kennen:

1. Schuljahr: Ein kleiner, unsicher wirkender Junge rastet häufig aus, wirft dann mit Gegenständen wild um sich und rennt heulend aus dem Klassenzimmer hinaus.

2. Schuljahr, Religionsunterricht: Ein Junge stört immer wieder und spielt sich den anderen Kindern, aber auch der Lehrerin gegenüber auf. Er holt die von der Lehrerin mitgebrachte Kerze vom Tisch, geht zu seinem Platz zurück und fängt einen verbalen Streit mit einem anderen Jungen an. Es fällt der Ausdruck „fick dich". Während die Lehrerin eine Geschichte vorliest, steht der Junge auf, läuft herum, ruft aggressiv dazwischen und wirft dann die Kerze wieder auf den Tisch vor der Lehrerin. Der Junge tut so, als ob er weinen würde, provoziert auch immer wieder andere Kinder, nimmt ihnen Sachen weg etc. Nach mehreren Ermahnungen entfernt ihn die Lehrerin schließlich aus dem Raum. Während sie ihn festhält und zur Tür begleitet, schreit er: „Laß mich los! Du darfst mich nicht anfassen!" Als er draußen ist, wird es ruhiger. Ein anderer Junge hebt den Tisch immer wieder hoch und läßt ihn fallen.

3. Schuljahr (nach der großen Pause): Die Lehrerin kommt herein. Ein Junge sitzt auf dem Boden, hält sein Knie und weint. Ein anderer Junge streitet sich mit Worten und Fäusten mit einem Mädchen. Ein dritter Junge haut plötzlich den auf dem Boden sitzenden Mitschüler ohne ersichtlichen Grund. Viele Kinder sitzen schon im Stuhlkreis, aber die Stimmung ist im ganzen aufgeregt.

4. Schuljahr: Ein Mädchen wird immer wieder von einem Jungen aus der Parallelklasse bedrängt. Er lauert ihr beim Verlassen der Schule auf, belästigt sie auf der Straße, ruft sie sogar zu Hause an. Das Mädchen hat Angst, das Klassenzimmer alleine zu verlassen und dem Jungen zu begegnen.

Manchen Kindern – hauptsächlich Jungen – scheint es egal zu sein, was sie bei anderen anrichten. Sie sind unreflektiert gewalttätig, schlagen bei jeder Kleinigkeit zu. Aus ihrem Zustand der allgemeinen Gereiztheit reagieren sie überempfindlich und provozieren Konflikte. Sie kämpfen nicht nach Regeln, sondern schlagen z.B. gleich massiv ins Gesicht. Zum Teil nehmen sie ihr eigenes Verhalten gar nicht wahr. Wenn sie es wahrnehmen, finden sie meistens Rechtfertigungen: Barbara hat mich angerempelt, also habe ich sie getreten – sie soll besser aufpassen!

Kinder erleben Gewalt in vielfältigen Zusammenhängen, z.B. durch die Medien und im persönlichen Umgang. In den Medien erfahren sie von der realen Gewalt gesellschaftlicher und kriegerischer Auseinandersetzungen und von der imaginären Gewalt in Zeichentrickfilmen und Krimis. Die Lehre bei beiden ist gleich: „Der Stärkere setzt sich durch". Auch im persönlichen Umgang, ob in der Familie, beim Spiel oder im Straßenverkehr, bekommen Kinder als Betroffene und als Zeugen häufig den Eindruck, Gewalt sei ein akzeptables und vor allem effektives Mittel der Konfliktaustragung. Damit werden aufgrund der geschlechtsspezifischen Vorbilder besonders Jungen unter Druck gesetzt, sich zu beweisen und bei Auseinandersetzungen keine Schwäche zu zeigen (auch wenn sie diese fühlen). Es ist kein Zufall, daß die vielbeklagte „Jugendgewalt" meistens von Jungen ausgeht.

Aber auch die Schule vermittelt die Botschaft: „Der Stärkere setzt sich durch". Sie trägt indirekt zur Gewalttätigkeit bei, indem sie z. B. Kinder unter starken Leistungsdruck setzt und zu hohe oder zu niedrige Anforderungen an sie stellt. Statt die kleinen Fortschritte von Kindern wahrzunehmen und anzuerkennen, leben manche Lehrerinnen ihre Aggressionen unterschwellig an den Kindern aus. Auch dadurch, daß sie Gewalttätigkeiten unter Kindern nicht immer unterbinden, vermitteln sie eine Akzeptanz solcher Verhaltensweisen.

In der gegenwärtigen Diskussion ist häufig die Rede von *„amerikanischen Verhältnissen"*. Darunter stellt man sich eine „bis an die Zähne" bewaffnete Schülerschaft sowie Schulen vor, deren Eingänge von Polizisten oder Wachpersonal kontrolliert werden. In manchen Städten der USA sind solche Horrorszenen tatsächlich anzutreffen, aber es existiert dort auch eine weitverbreitete pädagogische Bewegung zur Vermittlung gewaltfreier oder konstruktiver Konfliktaustragung. In den letzten 15 Jahren wurden zahllose Projekte durchgeführt, Bücher und Unterrichtsmaterialien zu diesem Thema veröffentlicht. Viele der darin beschriebenen Konzepte, wie z. B. „conflict resolution" und „mediation" (eine Methode der Vermittlung in Konflikten), haben einen breiten Anklang in den öffentlichen Schulen gefunden. Inzwischen existieren ähnliche Programme in den anderen englischsprachigen Ländern.

Eines der ersten Projekte war das „Children's Creative Response to Conflict"-Programm, das Mitte 70er Jahre von Quäkerinnen in New York gegründet wurde und meiner eigenen Konzeption zugrunde liegt. Ähnliche Ansätze und Literatur gibt es hierzulande zu den Themen „Interaktionsspiele", „Soziales Lernen" und „Friedenserziehung".

Das hier vorgestellte Konzept ist also nicht etwas grundlegend Neues. Neu ist allerdings die *systematische Umsetzung zur Vorbeugung gegen Gewalt* im Klassenzimmer. Damit werden keine „Patentrezepte" – wie sich vielleicht manche erhoffen –, sondern konkrete Anregungen für den pädagogischen Alltag angeboten, die zu einer Verminderung der Aggression im Klassenzimmer führen sollen. Das erfordert allerdings harte und konstruktive Arbeit seitens der Lehrerinnen und der Kinder.

1.2 Das Projekt

Im Rahmen einer europäischen Studie zur „Gewalt und Konfliktlösung in Schulen" (Walker, 1989) sowie im Rahmen von Projekttagen und Seminaren der Lehreraus- und -fortbildung beschäftige ich mich seit mehreren Jahren mit der Frage, wie die Schule Kinder zur Konfliktfähigkeit erziehen kann. In diesem Buch gebe ich einige meiner Beobachtungen und Erfahrungen mit einem *praktischen pädagogischen Konzept* zur Vermittlung gewaltfreier Konfliktlösungsstrategien weiter. Dieses Konzept entwickelte und erprobte ich in Zusammenarbeit mit Kolleginnen einer Berliner Grundschule. Im folgenden möchte ich Ihnen einige Hintergrundinformationen über das Projekt und seinen Ablauf vermitteln.

Die *Heinrich-Zille-Grundschule* liegt in Berlin-Kreuzberg, dem am dichtesten besiedelten Bezirk Berlins. Soziale Probleme, aber auch ein innovativer Geist, ein buntes Durcheinander bestimmen den Kreuzberger Alltag. Etwa ein Drittel der Schülerschaft der Zille-Schule sind ausländische Kinder, die meisten türkischer Herkunft. Die Berliner Grundschule ist sechsjährig.

Die Teilnahme der sieben weiblichen und vier männlichen Lehrkräfte am Projekt war freiwillig. Ich arbeitete kontinuierlich über einen Zeitraum von sieben bzw. neun Monaten in neun Klassen vom 1. bis zum 6. Schuljahr. Die Kinder nannten die Konfliktarbeit von Anfang an *„Spielstunde"*. Die Spielstunden fanden ein- bis zweimal in der Woche im Rahmen des regulären Unterrichts statt. Die Vorbereitung, Durchführung und Auswertung der einzelnen Spielstunden erfolgte in Absprache mit der jeweiligen Lehrerin. Die Zusammenarbeit mit den Lehrerinnen verlief unterschiedlich intensiv; die enge Zusammenarbeit bis hin zur Übernahme der Stunden durch die Lehrerin erwies sich als positiv für die Konfliktarbeit. Die meisten Klassen durchliefen alle sechs Themenbereiche bzw. Lernschritte des Programms (s. Kapitel 2.2). Die genaue Gestaltung der Stunden hing weitgehend von der Entwicklungsstufe der Klasse und der Fähigkeit und Bereitschaft der einzelnen Kinder ab, sich als Gruppe zu verstehen und als Gruppe zu handeln. Viele Spiele und Übungen entwickelten bzw. änderten wir erst aus der Situation heraus. Die Eltern wurden über unsere Arbeit informiert und erfuhren immer wieder durch die Kinder, was wir machten. Leider versäumten wir es, die Eltern systematisch in die Arbeit mit einzubeziehen.

An dieser Stelle eine persönliche Bemerkung: Im Laufe meiner Arbeit an der Zille-Grundschule fühlte ich mich als Pädagogin der Erwachsenenbildung manchmal überfordert und ich war froh, wenn ich die Stunden einigermaßen überstand, selbst wenn ich meine sorgfältig ausgearbeiteten Lernziele nur zum Teil umsetzen konnte. Trotzdem war auch dies eine wichtige Erfahrung.

Die Spielstunden haben bei manchen Kindern das erreicht, was sie sollten, bei anderen nicht. Es ist ein pädagogisches Konzept wie jedes andere: Es kann effektiv sein, wenn es flexibel gehandhabt und umgesetzt wird, stellt aber kein Allheilmittel dar. In zwei Klassen, mit denen ich besonders intensiv gearbeitet hatte, berichteten beispielsweise die Lehrerinnen am Ende des Projektes eher von einer Zunahme von Konflikten als von einer Abnahme. Lag es daran, daß die Kinder nun bewußter ihre Konflikte ausgetragen haben, da sie auch noch zum Gegenstand des Unterrichts gemacht worden waren? Oder lag es an der verschärften Wahrnehmung von Konflikten durch die Lehrerinnen? Ich kann das nicht beurteilen. Es wurde aber ein *Lernprozeß in Gang gesetzt*, der auch ohne formelle Spielstunden weitergehen wird.

Die *interventiven* Elemente des vorliegenden Konzepts werden im Kapitel 3 vorgestellt. Das Konzept versteht sich aber weitgehend als *präventiv*. Durch die Vermittlung von sozialen Fähigkeiten sollen Kinder lernen, Konflikte konstruktiv und gewaltfrei auszutragen. Das Konzept kann für die Bewältigung von Alltagsproblemen in der Schule wichtige Impulse geben. Schwerwiegende Probleme einzelner Kinder oder Lehrerinnen können damit nicht gelöst werden. Hier verweise ich die Leserinnen an andere bekannte Möglichkeiten wie sozialpädagogische und psychologische Maßnahmen, kollegiale Beratung, Supervision und Balint-Gruppen. Da viele Lehrerinnen sich als „Einzelkämpfer" fühlen und dementsprechend handeln, möchte ich Sie ermutigen, mit Ihren Kolleginnen in einen Dialog über Schulprobleme zu treten.

1.3 Typische Konflikte im Klassenzimmer

Die folgende Systematisierung basiert vor allem auf Lehrerinterviews und meinen eigenen Beobachtungen und Erfahrungen in der Schule. Grundsätzlich unterscheide ich zwischen Konflikten unter Kindern und Konflikten zwischen Kindern und Lehrerinnen. Anschließend stelle ich Fragen zur Klärung der Konflikte in der eigenen Klasse vor.

Konflikte unter Kindern

Ein Großteil der Konflikte unter Kindern basiert auf der allgemeinen Gereiztheit und der Unfähigkeit, Spannungen auszuhalten, ohne unmittelbar bzw. aggressiv darauf zu reagieren. Viele der Konflikte, die ich beobachtete, dauerten nur sehr kurz an: eine bis drei Minuten oder oft sogar unter einer Minute. In vielen Fällen war unklar, wer den Streit angefangen hatte. Häufige Auslöser für Konflikte sind:

- Sachen von einem anderen Kind benutzen oder wegnehmen, ohne zu fragen,
- ein anderes Kind aus Versehen stoßen oder berühren,
- sich gegenseitig „nerven",
- sich gezielt weh tun,
- andere nicht in Ruhe lassen,
- andere Kinder hänseln.

Die Reaktionen darauf (Schlagen, Zwicken, Boxen, Piesacken, Petzen, Kratzen, Beißen, Anschreien) sind häufig aggressiver Art und ziehen weitere verbale oder physische Aggressionen nach sich. Das Verhalten von Kindern, die anderen absichtlich weh tun, macht die Lehrerinnen besonders betroffen bzw. hilflos, da Appelle an die Vernunft oder das Mitgefühl wenig zu bewirken scheinen. Manche Kinder sind der Meinung, sie hätten das Recht, anderen Unannehmlichkeiten zuzufügen oder andere sogar zu verletzen, wenn sie in dem von ihnen beanspruchten Freiraum beeinträchtigt werden.

Bei länger andauernden Konflikten greifen Lehrerinnen in der Regel spätestens dann ein, wenn sie den Eindruck haben, daß die Kinder sich weh tun oder wenn ihr Verhalten das Unterrichtsgeschehen stört. Es gibt Kinder, die immer wieder in Konflikte verwickelt werden und aufgrund ihres aggressiven Verhaltens auffallen.

Jungen neigen zu einer offeneren, d. h. körperlich aggressiveren Konfliktaustragung als Mädchen. Bei Konflikten unter Jungen geht es meistens um die Herstellung oder Betätigung einer „Hackordnung": Die körperlich stärkeren Jungen haben mehr Macht als die schwächeren und dürfen – zumindest innerhalb der Jungengruppe – mehr bestimmen.

Mädchen neigen zu einer verbalen Konfliktaustragung. Sie scheinen weniger Konflikte miteinander zu haben als die Jungen. Wenn sie sich körperlich auseinandersetzen, tun sie es meistens in einer kontrollierteren Art und Weise als die Jungen. Aggressionen unter Mädchen äußern sich oft indirekt, z. B. durch Ausschluß aus der Gruppe. Solche Erscheinungen werden zwar weniger häufig von Lehrkräften wahrgenommen, weil sie das Klassengeschehen weniger stören, wirken aber genauso verletzend wie die Schläge der Jungen.

Bei Konflikten zwischen Mädchen und Jungen sind es meistens die Jungen, die die Mädchen (physisch) angreifen. Diese Angriffe sind nicht selten sexueller Art, d. h., die Jungen heben den Mädchen die Röcke hoch oder begrapschen sie. Die Mädchen wehren sich meist verbal oder überhaupt nicht. Sie haben manchmal Angst vor den Übergriffen der Jungen, obwohl sie nicht unbedingt körperlich schwächer sind. Die Mädchen dienen den Jungen häufig als negative Bezugsgruppe.

Lehrerinnen beschäftigen sich in der Regel wesentlich intensiver mit dem Konfliktverhalten der Jungen als mit dem der Mädchen, was einer indirekten Anerkennung für aggressives Verhalten gleichkommt. Positives Konfliktverhalten von Mädchen dagegen wird häufig übersehen bzw. nicht ausdrücklich gelobt, obwohl es den Alltag der Lehrerin erheblich erleichtert.

Konflikte zwischen Lehrerinnen und Kindern

Lehrerinnen fühlen sich durch eine allgemeine Unruhe im Klassenzimmer häufig gestört. Sie brauchen viel Zeit und Energie, um genug Ruhe und Ordnung herzustellen, damit im Klassenraum gearbeitet werden kann. Hierzu verwenden sie verschiedene Strategien wie Ermahnen, Drohen, Warten.

Ein Grundkonflikt ergibt sich aus der Tatsache, daß Lehrerinnen Anweisungen geben, die von den Kindern nicht oder nur unzureichend erfüllt werden. Die Toleranz der Lehrkräfte ist dabei individuell sehr unterschiedlich. Für Lehrerinnen, die einerseits für die Kinder klare Grenzen setzen, andererseits aber bereit sind, auf alternative Vorschläge der Kinder einzugehen, ist dieser Konflikt weniger schwerwiegend.

Das Geschlecht der Lehrkraft spielt bei Konflikten im Klassenzimmer eine große Rolle. Die Autorität von Frauen wird besonders von ausländischen, aber auch von deutschen Jungen häufig in Frage gestellt. Die weiblichen Lehrkräfte reagieren zum Teil hilflos auf sexuelle Beschimpfungen und Angriffe. Frauen sind oft eher als Männer bereit, über ihre Probleme mit Kindern zu sprechen. Die Fähigkeit der Lehrerinnen und Kinder, Konflikte zu einer positiven Erfahrung zu machen und konstruktive Lösungen zu finden, hängt im wesentlichen davon ab, inwieweit ein Vertrauensverhältnis in der Klasse besteht. Die Lehrerin sollte sich die Zeit nehmen, ein solches Vertrauensverhältnis zu und unter den Kindern aufzubauen und aufrechtzuerhalten. Die Voraussetzungen sind günstiger für Klassenlehrerinnen (im Gegensatz zu Fachlehrerinnen), in den unteren Klassen (da weniger Leistungsdruck vorhanden ist), in gemischten, nicht rein ausländischen Klassen sowie im Rahmen des Teamteachings.

Aggressives Verhalten seitens der Lehrerinnen kann in einer Konfliktsituation kurzfristig eskalierend oder deeskalierend wirken. Das gleiche gilt für abwartendes Verhalten. Beides ist häufig ein Ausdruck der Hilflosigkeit.

1.4 Fragen zur Klärung von Konflikten in der Klasse

Die folgenden Fragen dienen einer ausführlichen *Bestandsaufnahme des Konfliktpotentials* in der eigenen Klasse. Angesprochen werden Konflikte unter Kindern, Konflikte zwischen Kindern und Lehrerinnen, Konflikte der Lehrerin mit sich selbst sowie Konflikte im Kollegium und mit der Schulleitung. Es handelt sich um manifeste und um latente Konflikte und um ihre möglichen Zusammenhänge.

Es gibt verschiedene Möglichkeiten zum Umgang mit dem Fragenkatalog. Ein rasches Durchlesen der Fragen dient dem gesteckten Ziel gewiß nicht. Vielmehr sollte sich jeder die Zeit nehmen, die Fragen erst einmal für sich alleine (schriftlich) zu beantworten. Anschließend sollten die Antworten im Team oder in einer Arbeitsgruppe besprochen werden. Das ermöglicht einen intensiven Austausch über einzelne Klassen, einzelne Kinder, über das eigene Konfliktverhalten und das der Kolleginnen. Gefordert hierbei ist ein gewisses Maß an Offenheit und Ehrlichkeit sowie die Bereitschaft, Kritik zu üben und anzunehmen. Dieser Prozeß sollte vertrauensfördernd wirken, setzt aber auch schon ein Minimum an Vertrauen voraus.

Konflikte unter Kindern

1. Wie ist die Grundstimmung in der Klasse (freundlich, gleichgültig, aggressiv)?

2. Welche Konflikte kommen unter den Kindern während des Unterrichts und in den Pausen häufig vor? Wie werden die Konflikte ausgetragen?

3. Gibt es bestimmte Kinder, die immer wieder in Konflikte verwickelt werden, ob als Initiatoren oder Betroffene? Welche? Sind es eher Mädchen oder Jungen, ausländische oder deutsche Kinder? Haben Sie dafür eine Erklärung?

4. Welche Kinder stören den Unterricht oder die anderen Kinder beim Lernen oder Spielen? Welche nicht? Sind es eher Mädchen oder Jungen, ausländische oder deutsche Kinder? Haben Sie dafür eine Erklärung?

5. Gibt es Kinder, die überhaupt nicht in der Lage sind, sich beim Streit zu wehren? Welche? Sind es eher Mädchen oder Jungen, ausländische oder deutsche Kinder? Was sind die Konsequenzen dieser Unfähigkeit? Wie könnten Sie diese Kinder unterstützen?

6. Welche Kinder zeigen positives Konfliktverhalten (lassen sich beispielsweise von anderen nicht provozieren)? Werden diese Kinder vor den anderen dafür gelobt?

7. Worüber streiten sich Mädchen untereinander? Wie tragen sie ihre Konflikte aus? Inwieweit wird das Klassengeschehen dadurch gestört?

8. Worüber streiten sich Jungen untereinander? Wie tragen sie ihre Konflikte aus? Inwieweit wird das Klassengeschehen dadurch gestört? Nimmt der Streit unter Jungen eher mehr oder weniger Aufmerksamkeit in Anspruch als der Streit unter Mädchen?

9. Worüber streiten sich Mädchen mit Jungen? Von wem geht der Streit meistens aus? Wie wird er ausgetragen? Inwieweit stört er das Klassengeschehen?

10. Reagieren Sie unterschiedlich auf Mädchen und Jungen in Konfliktsituationen? Und wenn ja: wie? Gibt es bestimmte Verhaltensweisen, die Sie bei Mädchen oder Jungen besonders stören? Wie gehen Sie damit um?

11. Worüber streiten sich ausländische Kinder untereinander (Mädchen mit Mädchen, Jungen mit Jungen und Mädchen mit Jungen)? Von wem geht der Streit meistens aus? Wird er anders ausgetragen als der zwischen deutschen Kindern? Und wenn ja: wie? Greifen Sie anders ein? Inwieweit wird das Klassengeschehen durch den Streit gestört?

12. Worüber streiten sich ausländische mit deutschen Kindern (Mädchen mit Mädchen, Jungen mit Jungen, Mädchen mit Jungen)? Von wem geht der Streit meistens aus? Inwieweit wird er anders ausgetragen als der zwischen ausländischen oder zwischen deutschen Kindern? Greifen Sie anders ein als bei anderen Streitsituationen? Inwieweit stört der Streit das Klassengeschehen?

13. Auf welche Konflikte unter Kindern reagieren Sie empfindlich? Welche finden Sie nicht so schlimm?

14. Haben Sie eine bestimmte Strategie zum Umgang mit Konflikten unter den Kindern (z. B. ignorieren oder erst eingreifen, wenn jemand verletzt wird)? Oder reagieren Sie eher spontan? Wie sieht die Strategie aus? Sind Sie damit zufrieden? Reagieren Sie unterschiedlich auf Aggressionen von Mädchen und Jungen?

15. Gibt es Kinder, die Sie weniger gut leiden können? Womit hängt diese Abneigung zusammen? Was machen Sie, wenn diese Kinder in Konflikte verwickelt sind?

16. Gibt es Kinder, von denen Sie vermutlich nicht gemocht werden? Was meinen Sie, womit diese Abneigung zusammenhängt? Was machen Sie, wenn diese Kinder in Konflikte verwickelt sind?

17. Was möchten Sie realistischerweise am Konfliktverhalten welcher Kinder ändern? Wie könnten Sie damit anfangen? Wer könnte Sie dabei unterstützen?

Konflikte zwischen Kindern und Lehrerinnen

1. Wie würden Sie das Verhältnis zwischen Ihnen und der Klasse kennzeichnen (z. B. herzlich, verständnisvoll, offen, kühl, distanziert, feindselig)?

2. Wie kommen Sie im allgemeinen mit den Kindern aus?

3. Welche Konflikte kommen zwischen Ihnen und den Kindern häufig vor? Welche zwischen Ihnen und der Klasse insgesamt? Welche zwischen Ihnen und einzelnen Kindern? Von wem gehen die Konflikte meistens aus?

4. Gibt es bestimmte Kinder, mit denen Sie besonders viele Konflikte haben? Welche sind das (eher Mädchen oder Jungen, eher ausländische oder deutsche Kinder)? Haben Sie dafür eine Erklärung?

5. Worüber streiten Sie sich mit Mädchen? Wie sieht der Streit aus? Inwieweit stört er das Klassengeschehen bzw. die anderen Kinder?

6. Worüber streiten Sie sich mit Jungen? Wie sieht der Streit aus? Inwieweit stört er das Klassengeschehen bzw. die anderen Kinder? Nimmt er eher mehr oder weniger Zeit in Anspruch im Vergleich zu dem Streit mit Mädchen?

7. Worüber streiten Sie sich mit ausländischen Kindern? Gibt es einen Unterschied zwischen dem Streit mit ausländischen Mädchen und dem mit ausländischen Jungen? Welchen? Inwieweit läuft der Streit anders ab als der zwischen Ihnen und deutschen Kindern? Stört er das Klassengeschehen bzw. die anderen Kinder?

8. Gibt es grundlegende Unstimmigkeiten zwischen Ihnen und der Klasse oder zwischen Ihnen und einzelnen Kindern, die immer wieder zu Konflikten führen? Worum geht es bei den Unstimmigkeiten?

9. In welchen Situationen werden Sie aggressiv? In welchen ziehen Sie sich zurück? Inwieweit sind diese Verhaltensweisen angebracht, und inwieweit basieren sie auf Hilflosigkeit? Erreichen Sie damit das, was Sie beabsichtigen?

10. Wie gehen Sie mit Konflikten zwischen sich selbst und den Kindern um? Fühlen Sie sich dabei wohl?

11. Was möchten Sie realistischerweise an Ihrem eigenen Konfliktverhalten ändern? Wie könnten Sie damit anfangen? Wer könnte Sie dabei unterstützen?

Konflikte der Lehrerin mit sich selbst

1. Sind Sie im allgemeinen mit sich selbst als Lehrerin zufrieden?

2. Was machen Sie gut?

3. Was machen Sie nicht so gut, bzw. was möchten Sie anders machen?

4. Inwieweit wirken sich Ihre persönlichen Probleme auf das Unterrichtsverhalten aus? Was könnten Sie tun, um negative Auswirkungen zu vermeiden?

Konflikte im Kollegium und mit der Schulleitung

1. Wie ist die Grundstimmung im Kollegium? Werden Probleme (miteinander, mit den Kindern) offen besprochen? Woran liegt es, wenn das nicht geschieht?

2. Mit welchen Kolleginnen können Sie über schulische Probleme reden? Bekommen Sie von ihnen eine Hilfestellung? Gibt es Kolleginnen, die mit Problemen zu Ihnen kommen?

3. Welche Konflikte haben Sie mit anderen Kolleginnen? Wie tragen Sie diese aus (z. B. direkt ansprechen, mit anderen Kolleginnen darüber reden)? Sind Sie damit zufrieden?

4. Wie verstehen Sie sich mit der Schulleitung? Können Sie Probleme offen ansprechen? Wie ist die Reaktion in der Schule darauf?

5. Wie ist das Verhältnis zwischen Kollegium und Schulleitung im allgemeinen (z. B. kooperativ, gleichgültig, distanziert, feindselig)? Wie wirkt sich das auf die Stimmung im Kollegium aus?

6. Wenn Sie im Team arbeiten: Wie ist das Verhältnis unter den Kolleginnen im Team (kooperativ, jeder macht ein eigenes Programm, schlechte Absprachen, nur einer setzt sich durch)? Inwieweit wirkt sich das auf die Klasse aus? Können Sie Schwierigkeiten offen ansprechen? Woran liegt das?

7. Wenn Sie Klassenlehrerin sind: Wie ist das Verhältnis zwischen Ihnen und den Fachlehrerinnen der Klasse (kooperativ, jeder macht ein eigenes Programm, schlechte Absprachen)? Inwieweit wirkt sich das auf die Klasse aus? Wie könnte das Verhältnis verbessert werden?

8. Wenn Sie Fachlehrerin sind: Wie ist das Verhältnis zu den Klassenlehrerinnen (kooperativ, jeder macht ein eigenes Programm, schlechte Absprachen)? Inwieweit wirkt sich das auf Ihren Unterricht aus? Wie könnte das Verhältnis verbessert werden?

2. Grundlagen und didaktisches Konzept

2.1 Grundlagen einer gewaltfreien Konfliktaustragung

Begriffserklärungen

Gewaltfreiheit ist ein Prinzip, nach dem die Anwendung von Gewalt in jeglicher Form – sei es auf der persönlichen, sozialen oder politischen Ebene – abgelehnt wird. Für Befürworter der Gewaltfreiheit ist Gewalt kein akzeptables Mittel der Konfliktaustragung. Sie versuchen, bei der Austragung und Lösung von Konflikten nicht-gewaltsame Handlungsweisen zu entwickeln. Darüber hinaus bemühen sie sich, Strukturen zu verändern, die zu Gewalt führen bzw. von denen Gewalt ausgeht.

Hurrelmann definiert *Gewalt in der Schule* als „das gesamte Spektrum von Tätigkeiten und Handlungen, die physische und psychische Schmerzen oder Verletzungen bei den im Bereich der Schule handelnden Personen zur Folge haben oder die auf die Beschädigung von Gegenständen im schulischen Raum gerichtet sind" (Hurrelmann 1990, S. 365). Galtung erweitert diese Definition um den Begriff der *strukturellen* Gewalt. Strukturelle Gewalt drückt sich in sozialen Ungerechtigkeiten aus, die Menschen an der Entfaltung ihrer potentiellen Entwicklungsmöglichkeiten hindern (Galtung 1975).

Einen *sozialen Konflikt* sieht Glasl als eine Interaktion zwischen zwei oder mehreren Einzelpersonen, Gruppen oder Organisationen, bei der mindestens eine Seite Unvereinbarkeiten in Gedanken, Gefühls- oder Willensleben erlebt. Entscheidend dabei ist, daß mindestens eine Seite sich durch die andere daran gehindert sieht, seine Vorstellungen, Gefühle oder Absichten durchzusetzen (Glasl 1990, S. 14 f.). Ein Konflikt kann – aber muß nicht – mit Gewalt ausgetragen werden. Auf der zwischenmenschlichen Ebene suchen gewaltfreie „Konfliktpartner" nach Lösungen, die es beiden Seiten ermöglichen, ihre Wünsche und Bedürfnisse zu befriedigen. Gewaltfreiheit ist nicht Passivität. Konflikte sollen nicht vermieden, sondern bewußt, konstruktiv und phantasievoll geregelt werden. Die Voraussetzungen hierfür sind:

● die Schaffung einer vertrauensvollen Atmosphäre, in der der persönliche Wert eines jeden Individuums respektiert wird, ungeachtet seines sozialen, kulturellen (auch religiösen, rassischen) oder familiären Hintergrundes und seines Geschlechts;

● der Wunsch und die Fähigkeit, sich einander mitzuteilen;

● der Wunsch und die Fähigkeit, kritisch zu denken und zusammen auf eine gemeinsame Lösung des Problems hinzuarbeiten.

Das Ziel der *gewaltfreien Konfliktaustragung* ist es, eine Lösung zu finden, bei der im Idealfall beide Parteien „gewinnen": Statt gegeneinander zu kämpfen, gehen die Beteiligten gemeinsam gegen das Problem an und versuchen, zu einer Übereinkunft zu kommen, die ihre Beziehung bereichern statt schädigen wird. Wenn Konflikte so verstanden werden, können sie als Chance und nicht als Bedrohung begriffen werden. Es wird aber nicht immer möglich sein, Lösungen zu finden, bei denen beide Parteien profitieren, besonders wenn die Macht innerhalb der Beziehung ungerecht verteilt ist oder wenn eine Seite sich weigert, das Problem bzw. seinen Anteil daran anzuerkennen. Die meisten persönlichen Konflikte ergeben sich durch die Tatsache, daß Menschen zusammen leben, arbeiten oder ihre Freizeit verbringen, und die Betroffenen haben ein Interesse an einer funktionierenden Beziehung.

Erschwerend wirkt sich in der Klassensituation die Tatsache aus, daß wir es mit einer unfreiwilligen Gemeinschaft zu tun haben. Im Gegensatz etwa zu Freundschaftsbeziehungen suchen sich Schülerinnen weder ihre Klassenkameraden noch ihre Lehrerinnen aus, und auch die Lehrerin hat sich häufig nicht gerade diese Klasse gewünscht. Trotzdem müssen alle miteinander auskommen – und das über mehrere Stunden täglich. Konflikte ergeben sich daraus beinahe zwangsläufig.

Unverzichtbare Voraussetzungen

Im folgenden stelle ich sieben Voraussetzungen für eine Konfliktaustragung vor und zeige ihre Relevanz für die Schule auf.

1. Achtung vor sich selbst und anderen

Die Methode der gewaltfreien Konfliktaustragung geht davon aus, daß *in jedem Menschen etwas Positives* steckt, das ans Licht gebracht werden soll. Ein Kind mit einem negativen Selbstbild, das die erforderliche positive Zuwendung zu Hause nicht bekommt, verhält sich im Schulalltag häufig auffällig. Störendes Verhalten ist oft ein Versuch, auf sich aufmerksam zu machen, da auch „negative Aufmerksamkeit" (z. B. Ermahnungen der Lehrerin) für den Schüler eine gewisse Bestätigung darstellt. (Dieses Verhalten ist typisch für Jungen, während Mädchen mit einem negativen Selbstbild sich eher dem Unterricht und dem Klassengeschehen entziehen und deswegen oft übergangen werden.)

Ein Kind mit einem positiven Selbstbild kann sich besser auf das Lernen konzentrieren und den Unterricht besser verfolgen. Selbstverständlich kann die Schule nicht alles aufwiegen, was im Elternhaus oder im sozialen Umfeld falsch gemacht wurde. Da Kinder außerdem unterschiedlich intelligent bzw. begabt sind, gilt es, die Stärken eines jeden Kindes festzustellen und dafür zu sorgen, daß diese Stärken von den anderen Kindern wahrgenommen und anerkannt werden.

2. Bereitschaft zum Zuhören und zum Verständnis

Ohne die Fähigkeit und Bereitschaft, die eigenen Meinungen und Gefühle offen auszudrücken und denen anderer verständnisvoll zuzuhören, können in Konfliktsituationen keine konstruktiven oder phantasievollen Lösungen erarbeitet werden. „Zuhören" bedeutet nicht nur, den Mund zu halten, wenn jemand anderer spricht. (Wie oft wird Kindern gesagt: „Sei ruhig und hör zu!") Statt wirklich zu versuchen, die Probleme von Kindern und die damit verbundenen Gefühle zu verstehen, d. h. nicht nur auf die Worte, sondern auch auf die Bedeutungen dahinter zu achten, ziehen Lehrerinnen häufig vorschnell eigene Schlußfolgerungen und bieten eigene Lösungen an. Irrtümlich nimmt man besonders in Konfliktsituationen an, daß Zuhören Übereinstimmung impliziert. Wer aber mit seinen eigenen Gedanken beschäftigt ist, um sie im Anschluß als Waffen einzusetzen, kann dem anderen nicht wirklich zuhören. Wer dagegen der anschließenden ungeteilten Aufmerksamkeit seines Gegenübers sicher ist, kann es sich leisten, sich auf die Äußerungen des anderen zu konzentrieren. Wie jeder andere Aspekt der Konfliktaustragung ist Zuhören eine Übung in gegenseitigem Verständnis – eine, die immer wieder eingeübt werden muß, wenn man sie beherrschen will.

3. Einfühlungsvermögen

Bei diesem Aspekt geht es darum, Verständnis gegenüber einer Person und den Gründen für besondere Haltungen und Verhaltensweisen zu wecken. Jedes Kind nimmt in seinem Leben verschiedene Rollen ein: Tochter/Sohn, Schwester/Bruder, Schülerin/Schüler, Mitglied einer Arbeitsgemeinschaft oder eines Vereins. Wie unterschiedlich wird es von anderen in diesen Rollen wahrgenommen? Welche Eigenschaften und Fähigkeiten schätzen die Kinder bei Eltern, Lehrkräften, Mitschülerinnen, Freunden? Was bedeutet Freundschaft, und wie können Kinder auf Menschen Rücksicht nehmen, die sie nicht mögen? Das sind Fragen, die im Rahmen der Erziehung zur Konfliktfähigkeit besprochen werden müssen.

4. Selbstbehauptung

Sich gewaltfrei zu behaupten bzw. durchzusetzen bedeutet, weder passiv noch aggressiv zu sein. Gewaltfreie Selbstbehauptung heißt, *eigene Bedürfnisse und Wünsche durchsetzen zu können, ohne anderen dabei zu schaden.* In der Klasse sollte überlegt werden, was Durchsetzungsfähigkeit bedeutet bzw. wie sie sich unterscheidet von Aggressivität oder Passivität. Wie kann man sich am besten für die eigenen Rechte einsetzen? Was sind die Auswirkungen, wenn ein Kind andere bedroht (sich aggressiv verhält) oder seine Wünsche nicht ausreichend artikuliert (sich passiv verhält)? Wie kann man die eigenen Bedürfnisse und Wünsche und die anderer erkennen? Ist es möglich, alle Wünsche gleichzeitig zu befriedigen? Welche Rolle spielen Macht oder Angst in Beziehungen? Schüler können über ihre positiven und negativen Erfahrungen bei der Durchsetzung der eigenen Rechte erzählen und konstruktive Strategien in Rollenspielen einüben.

Das Thema „Selbstbehauptung" ist m. E. besonders für Mädchen wichtig. Ich empfehle, *getrennte Mädchen- und Jungenstunden* abzuhalten, um herauszubekommen, über welche Durchsetzungsstrategien jede Gruppe verfügt, und um neue Strategien einzuüben. Mädchen brauchen nicht nur eine ständige Ermutigung, damit sie fähig werden, sich für ihre Rechte, Bedürfnisse und Wünsche einzusetzen, sondern auch das Vorbild von Lehrerinnen, die das gleiche tun, und sie brauchen die Gelegenheit, eventuell ungewohnte Verhaltensweisen in einer geschützten Atmosphäre auszuprobieren. Jungen brauchen auch häufig den Schutz der gleichgeschlechtlichen Gruppe, um zugeben zu können, daß sie ihre Unsicherheiten häufig hinter Machtgehabe gegeneinander und gegenüber Mädchen verdecken. Wie bei den Mädchen brauchen sie eine Lehrkraft ihres eigenen Geschlechts als Vorbild dafür, wie man sich durchsetzt, ohne andere zu mißachten.

5. Zusammenarbeit in der Gruppe

Der Zusammenhang zwischen Zusammenarbeit und gewaltfreier Konfliktaustragung wird anhand der Abbildung (s. S. 22) deutlich.

Bei der Einführung des „Esel-Bildes" – das für mich ein Modell der gewaltfreien Konfliktaustragung darstellt – überdecke ich die letzten zwei Bilder und frage die Kinder, wie die Geschichte weitergeht (s. Kapitel 4.6). Wir besprechen die Vor- und Nachteile der verschiedenen Möglichkeiten und kommen darauf, daß die Esel ihr Problem nur für beide Seiten zufriedenstellend lösen können, wenn sie bereit sind, zusammenzuarbeiten. Das gleiche Prinzip gilt für menschliche Probleme. Das Schwierige dabei ist, daß die Beteiligten so lange ihre vorrangigen Bedürfnisse oder Wünsche zurückstellen müssen, bis eine gemeinsame Lösung gefunden werden kann. Das kann eigentlich nur geschehen, wenn sie das Vertrauen haben, daß der andere nicht nur seine eigenen Bedürfnisse und Wünsche sieht, sondern bereit ist, auch die des anderen zu berücksichtigen.

6. Aufgeschlossenheit und kritisches Denken

Zu den wichtigsten Aspekten der gewaltfreien Konfliktaustragung zählen Aufgeschlossenheit und kritisches Denken. Dieser Gesichtspunkt beinhaltet nicht nur die Fähigkeit, einem Konflikt offen und kritisch zu begegnen, sondern auch die Bereitschaft, *die eigene Meinung* auf Grund von neuen Informationen oder eines veränderten Verständnisses der Situation *zu än-*

dern. Das ist eine sehr schwierige Aufgabe, da viele Kinder und Erwachsene mit einem eigenen Standpunkt oder einer eigenen Lösung in eine Konfliktsituation hineingehen und diese nur ungern in Frage stellen.

Die Entwicklung des kritischen Denkens impliziert auch die Fähigkeit, „in den Fußstapfen anderer zu gehen". Genauso wichtig wie Zuhören in einer Konfliktsituation ist die Bereitschaft, *faire Kritik* zu äußern und anzunehmen bzw. eigene Zweifel und Fehler einzugestehen. Erwachsene haben damit häufig Schwierigkeiten. Ohne ein gewisses Vertrauensverhältnis werden sich die Beteiligten (mit Recht) weigern, sich zu offenbaren – aus Angst, unnötig verletzt zu werden.

Auch Kinder haben die Tendenz, in Konfliktsituationen nur den eigenen Standpunkt wahrzunehmen – besonders wenn Emotionen eine große Rolle spielen. Um so wichtiger ist es, schon im Vorfeld mit der Klasse über Gefühle und Kritik zu sprechen.

7. Phantasie, Kreativität, Spaß

Entscheidend im Prozeß der gewaltfreien Konfliktregelung ist einerseits, daß niemand vorher wissen kann, was für eine Lösung gefunden wird, und andererseits, daß diese Lösung von den Konfliktparteien selber und nicht von Dritten gefunden wird. Dabei ist *Phantasie* gefordert: Besprechung von ungewöhnlichen oder unrealistischen Lösungsvorschlägen kann – auch oder gerade, wenn sie doch nicht umgesetzt werden – zu einem stufenweisen Abbau von Spannungssituationen führen.

Lehrerinnen müssen häufig gegen ihren Impuls arbeiten, in Konfliktgesprächen nach dem herkömmlichen Muster zu handeln, wobei sie einen Schuldigen ausfindig machen und ihre eigenen Lösungen aufdrängen wollen (z. B. „Du entschuldigst dich"). Lösungen, die nicht oder nur halbherzig umgesetzt werden, bringen in den seltensten Fällen das erwünschte Ergebnis. Es gibt häufig viele mögliche und auch gute Lösungen für einen Konflikt, und Kinder wehren sich zu Recht dagegen, Lösungen anzunehmen, die ihre Bedürfnisse, z. B. das Gesicht zu wahren, nicht berücksichtigen.

Anforderungen an den Unterricht und die Persönlichkeit der Lehrerin

Die konkrete Umsetzung der eben beschriebenen Voraussetzungen im Schulalltag stellt bestimmte Anforderungen sowohl an den Unterrichtsablauf als auch an die Unterrichtenden selber. Diese Anforderungen sollen hier kurz beschrieben werden.

Von grundlegender Bedeutung ist die Tatsache, daß der Unterricht nicht nur auf der *kognitiven*, sondern auch auf der *affektiven* Ebene stattfindet. Es sei daran erinnert, daß die Schule einen Bildungs- und Erziehungsauftrag hat. Aus dem Erziehungsauftrag läßt sich die Notwendigkeit ableiten, neue Verhaltensweisen zu vermitteln. Die aber lassen sich nur dadurch erlernen, daß die Schüler eigene Erfahrungen machen. Bei vielen Spielen und Übungen im Programm geht es deswegen darum, Erfahrungen erst einmal zu machen, um anschließend darüber nachzudenken, was sie für die einzelnen bedeuten.

Weiter sollen die Schülerinnen zu *selbständigen* Entscheidungen bzw. selbständigem Handeln motiviert werden. Langfristig sollen sie lernen, ihre Konflikte alleine gewaltfrei auszutragen.

Idee und Praxis der *Gewaltfreiheit* sollen als eine konkrete Alternative zur Gewalt aufgezeigt werden. Es geht also hier weniger um die Vermittlung von Inhalten als von Fähigkeiten, also z. B. darum, gewaltfrei Konflikte zu regeln.

Schließlich soll das Programm – und das ist ein wichtiger Motivationsfaktor – den Kindern und den Lehrerinnen *Spaß* machen. Deswegen ist es notwendig, ernstere Übungen und Diskussionen immer wieder im Wechsel mit Auflockerungsspielen durchzuführen.

Die Anforderungen an Sie als Person sind nicht minder wichtig. In erster Linie müssen Sie als *glaubwürdiges Vorbild* dienen für das Verhalten, das Sie von den Kindern verlangen. Das bedeutet nicht, daß Sie beispielsweise nie wütend werden dürfen, sondern es bedeutet, daß Sie bereit sein sollen, zu ihren Gefühlen zu stehen sowie eigene Fehler und Zweifel zuzugeben. Eine Lehrerin, die Respekt von ihren Schülern verlangt, diesen Respekt aber nicht ihnen selber entgegenbringt, wirkt als Vorbild wenig glaubwürdig.

Gewaltfreies Konfliktverhalten läßt sich aber nicht mechanisch aneignen. Die Verinnerlichung wichtiger Aspekte der gewaltfreien Konfliktaustragung ist ein langer und schwieriger Prozeß, auf den sich Lehrerinnen und Schülerinnen einlassen sollen. Weiterhin wird von Ihnen *Flexibilität* verlangt: Gerade im persönlichen Bereich ist häufig nicht abzusehen, in welche Richtung eine Diskussion gehen wird oder welche Lösungsvorschläge einer Klasse einfallen werden.

Nach unserer Erfahrung liefen Übungen in verschiedenen Klassen manchmal völlig unterschiedlich ab. Wir versuchten, dem Grundsatz treu zu bleiben, daß es für ein Problem viele mögliche Lösungen gibt, und für das offen zu sein, was die jeweilige Klasse aus der Übung machte. Ein Mangel an Flexibilität unsererseits hätte den Kindern vermittelt, daß wir wenig Vertrauen in ihre Selbständigkeit haben. Um diese Selbständigkeit zu fördern, müssen wir aber auch bereit sein, in bestimmten Situationen unsere Autorität in Frage stellen zu lassen – in dem Sinne, daß wir nicht alle Antworten wissen. Im besten Fall wird also die Lehrerin zur Begleiterin der Kinder beim gemeinsamen Lernprozeß.

2.2 Das didaktische Konzept

Themenbereiche

Die oben beschriebenen „unverzichtbaren Voraussetzungen" der gewaltfreien Konfliktaustragung werden in Form von Spielen und Übungen zu sechs verschiedenen Themenbereichen mit Kindern besprochen und aktiv eingeübt. Die Themenbereiche sind:

1. Kennenlernen und Auflockern
2. Förderung des Selbstwertgefühls
3. Kommunikation
4. Kooperation
5. Geschlechtsbezogene Interaktion
6. Gewaltfreie Konfliktaustragung.

Diese Themenbereiche *bauen inhaltlich und methodisch aufeinander auf.* Trotzdem findet kein einheitlicher, linearer Lernprozeß statt, der etwa am Ende des Schuljahres mit einem Zeugnis im Fach „Gewaltfreie Konfliktaustragung" abgeschlossen wird. Vielmehr ist der Lernprozeß ein lebendiger, der mit dem sonstigen Schulleben im Zusammenhang steht und in andere Schul- und Lebensbereiche einfließen und sie beeinflussen kann und soll.

Ich selbst hatte Gelegenheit, das in diesem Buch vorgestellte Programm in eigenständigen *Spielstunden* zu erproben. In welchem Rahmen Teile aus diesem Programm anderswo eine Chance erhalten, das hängt sicher vom Lehrplan, der Stundentafel und Ihrer eigenen Findigkeit bzw. der Kooperationsbereitschaft im Kollegium ab. Denkbar sind z. B. Unterrichtseinheiten in Deutsch, Sozialkunde und Religion/Ethik, sowie Förderstunden, Projekttage und Arbeitsgruppen.

Hinweise zur praktischen Durchführung

Die Konfliktarbeit sollte *regelmäßig,* möglichst ein- bis zweimal in der Woche stattfinden. Die Erarbeitung der „Fragen zur Klärung von Konflikten in der Klasse" (Kapitel 1.4) wird helfen, Schwerpunkte zu setzen und eine Vorstellung davon zu entwickeln, welche Themen bzw. Arbeitsbereiche für die jeweilige Klasse besonders wichtig sind und welche weniger intensiv behandelt werden müssen. Das Programm sollte nicht stur von A bis Z durchgeführt, sondern *flexibel* gehandhabt werden. Planen Sie genügend Zeit auch für unerwartete Entwicklungen ein.

Da das Programm von der aktiven Teilnahme der Kinder lebt, ist es ratsam, zumindest zum Teil auf ihre Wünsche und Bedürfnisse einzugehen. Dabei ist auf eine *Ausgewogenheit von affektiven und kognitiven Lernelementen* in den einzelnen Stunden unbedingt zu achten. In den Spielanleitungen werden z. T. Angaben zur Klassenstufe gemacht; wenn nichts angegeben ist, eignet sich das Spiel bzw. die Übung für alle Grundschulstufen. Die meisten Spiele dauern fünf bis fünfzehn Minuten; bei längerer Dauer ist die Zeit jeweils angegeben.

Sie kennen Ihre eigene Klasse am besten und wissen beispielsweise, ob Sie ihr fünf Minuten oder eine ganze Stunde Diskussion im Stuhlkreis zumuten können oder ob nicht die Arbeit in Kleingruppen oder eine Kombination von verschiedenen Methoden angebrachter wäre.

Seien Sie *vorsichtig bei der Auswahl* der Übungen, wenn Sie meinen, daß sie für einzelne verletzend sein könnten. Selbstverständlich müssen Spiele und Übungen, die einen negativen Verlauf nehmen bzw. aus welchen Gründen auch immer gänzlich ihre Ziele verfehlen, sofort abgebrochen werden. Das kann bei Interaktionsübungen geschehen, wenn ein gruppendynamischer Prozeß in Gang kommt, bei dem einzelne Kinder aggressiv, verletzt oder ausgeschlossen werden. Sie sollten auch Spiele und Übungen abbrechen, bei denen Sie sich überfordert fühlen. Besprechen Sie dann den Grund des Spielabbruchs mit der Klasse.

Grundsätzlich erscheint es sinnvoll, mit Spielen und Übungen anzufangen, die Ihnen selbst zusagen und wahrscheinlich auch der Klasse gefallen werden. Es gilt, den Mut zu haben, Neues auszuprobieren, aber auch nicht zu verzweifeln, wenn manche Übungen „in die Hose gehen". Das gehört genauso zum gemeinsamen Lernprozeß wie die – hoffentlich häufigeren – Erfolgserlebnisse. Manchmal entstehen aus der Unterrichtssituation heraus neue Spiele oder Variationen bereits durchgeführter Übungen.

Ich empfehle, falls irgend möglich, die einzelnen Spielstunden *im Team* gemeinsam vorzubereiten, durchzuführen und auszuwerten. In jedem Fall sollten sich diejenigen, die an einer Schule Interesse an dieser Arbeit haben, zu einer Arbeitsgruppe zusammenschließen, um den notwendigen Erfahrungsaustausch über das Programm anzuregen und in Gang zu halten.

Auch die *Eltern* sollten über die Ziele und Stationen des Programms zumindest informiert werden. Noch sinnvoller wäre eine weitergehende inhaltliche Besprechung oder sogar Abstimmung mit den Eltern, damit die Kinder nicht womöglich zu Hause und in der Schule gegensätzliche Botschaften vermittelt bekommen. Um eine Diskussion mit und unter den Eltern zu beginnen, können Sie bei Elternabenden einige der Spiele und Übungen ausprobieren.

Das Programm wird um so erfolgreicher sein, wenn die Prinzipien und Arbeitsmethoden *in den sonstigen Unterricht integriert* werden. Das hieße etwa, daß man nicht nur Übungen zur Förderung des Selbstwertgefühls durchführt, sondern sich auch im übrigen Schulalltag darum bemüht, die Kinder positiv zu bestätigen, und daß man nicht nur im Rollenspiel, sondern auch im sonstigen Umgang zuhören übt. Wichtig ist, keinen schnellen Erfolg zu erwarten. Buchstaben, Silben und Wörter müssen immer wieder eingeübt werden, bis ein Kind lesen und schreiben kann – und das gleiche gilt für gewaltfreies Konfliktverhalten. Wer an der Veränderungsfähigkeit der Kinder zweifelt, sollte sich – auch selbstkritisch – bewußt machen, wie schwer es für Erwachsene ist, altgewohnte Verhaltensweisen zu verändern. Auch wenn sich die gewaltfreie Konfliktaustragung nicht direkt vom Rollenspiel auf das Alltagsverhalten übertragen läßt, haben Kinder doch auf diese Weise mindestens einmal erfahren: „Es geht auch anders!"

Es ist schwer festzulegen, woran man „*Erfolge*" in bezug auf das Konfliktverhalten messen kann. An der Zille-Schule stellten wir nach Abschluß der Konfliktarbeit in den einzelnen Klassen und bei den einzelnen Kindern unterschiedliche Lernerfolge fest. In den meisten Klassen hatten die Kinder nicht weniger Konflikte als vorher, aber sie trugen diese bewußter aus. Sie konnten ihr eigenes Verhalten in Konflikten und das ihrer Mitschülerinnen besser einschätzen, auch wenn sie häufig keine gewaltfreie Lösung „parat" hatten. Durch die Auseinandersetzung mit Gefühlen waren manche Kinder in der Lage, einander zu unterstützen und Konflikte im Vorfeld zu vermeiden, indem sie z. B. ein anderes Kind fragten: „Du hast wohl schlechte Laune. Willst du darüber reden oder sollen wir dich lieber in Ruhe lassen?" Eine männliche und eine weibliche Lehrkraft stellten fest, daß die Mädchen in ihren Klassen durch die Konfliktarbeit und die Auseinandersetzung mit geschlechtsspezifischen Fragen selbstbewußter wurden.

Schließlich erkannten einige Lehrerinnen ihren eigenen z. T. konfliktverstärkenden Anteil an Konflikten mit und unter den Kindern und änderten daraufhin ihr Verhalten einzelnen Kindern gegenüber. Für viele Lehrerinnen stellten die Spielstunden eine Gelegenheit dar, ihre Schüler anders als im sonstigen Unterricht zu erleben; dadurch konnten sie Abstand gewinnen und einige Aspekte des Zusammenlebens mit der Klasse für sich neu bewerten.

Insgesamt gilt es, nicht nur ein Programm von Spielen und Übungen durchzuführen, sondern auch zu überprüfen, wie die Schulkultur und das Verhalten der einzelnen Lehrkräfte zur Entwicklung einer positiven Lehr- und Lernatmosphäre beitragen können. Die Schule sollte ein Raum sein, in dem Menschen sich gegenseitig achten und ihre Probleme soweit wie möglich gewaltfrei regeln. Das ist *ein langfristiger und schwieriger Prozeß*, der viel Einsatz erfordert, sowohl vom Kollegium und der Schulleitung als auch von der Schülerschaft. Es wird Rückschläge geben – daran führt kein Weg vorbei. Es geht nicht darum, die Kinder ruhigzustellen, sondern ihnen die Erfahrung zu vermitteln, daß sie fähig und in der Lage sind, ihr Leben zu regeln und ihre berechtigten Interessen durchzusetzen, ohne daß sie oder andere dabei zu Schaden kommen. Das ist vielleicht nur in begrenztem Maße möglich, aber es ist wichtig, kleine Erfolge als solche anzuerkennen und sich darüber zu freuen.

3. Aktuelle Konflikte in der Klasse

Ziel des in diesem Buch vorgestellten didaktischen Konzepts ist es, mit Kindern die *konstruktive* Regelung von Konflikten einzuüben. Als Lehrerin werden Sie aber im Klassenzimmer, auf dem Schulhof und den Fluren immer wieder mit gewalttätigen Auseinandersetzungen konfrontiert, in denen Sie intervenieren sollten oder müssen. Wie sie auf solche Situationen reagieren, können nur Sie selbst von Fall zu Fall entscheiden – dafür kann es keine allgemeingültigen Richtlinien geben. Trotzdem möchte ich in diesem Kapitel einige konkrete Vorschläge dazu machen. Manche Konflikte übersteigen die Möglichkeiten des Programms und machen weitergehende Maßnahmen notwendig. Ich stelle hier Fälle vor, in denen Lehrerinnen, Kinder und Eltern noch etwas ausrichten konnten.

3.1 Fallbeispiele

Im folgenden schildere ich zwei selbst erlebte Konfliktfälle aus der Grundschule, die unterschiedlich intensiv mit den Betroffenen aufgearbeitet werden konnten. Vielleicht erinnern Sie sich an Situationen, die Sie selbst erlebt haben, und sehen Ihr eigenes Verhalten oder das der beteiligten Kinder in einem anderen Licht als bisher.

„Michael rastet aus" (1. Klasse)

Als ich vor Beginn der Spielstunde in den Klassenraum komme (die Lehrerin ist noch nicht da), weint Konrad, weil er sich weh getan hat. Plötzlich schreit Michael durchs Zimmer, hebt den Tisch hoch und läßt ihn fallen, so daß alles auf die Erde fällt, geht zu Sven und versucht, ihn zu würgen. Statt mich um Konrad oder Sven zu kümmern, halte ich Michael fest und erhalte von den anderen Kindern den Rat: „Am besten gehst du mit ihm raus". Als wir auf dem Hof sind, rennt er weg und will nach Hause gehen, kommt aber doch nach einigen Minuten wieder ins Schulgebäude mit. Erst als wir wieder im Klassenzimmer sind, beruhigt er sich.

Bei der anschließenden Arbeit mit einer Teilgruppe der Klasse im Nebenzimmer lassen sich Michael und Jens nicht zur Mitarbeit bewegen. Ich lasse sie gewähren, solange sie die anderen nicht stören. Nach einer Weile fangen sie aber an, aus ihrem Versteck hinter dem Sofa Gegenstände durch das Zimmer zu werfen. Ich fordere beide auf, zurück ins Klassenzimmer zu gehen. Michael will nicht, zieht aber nach Zureden von Jens doch mit ab. Als sie weg sind, fragt Tobias (ein ansonsten kooperativer Junge): „Darf ich auch gehen?" Als ich verneine, meint er: „Dann störe ich eben auch", was er aber nicht tut.

Bewertung der Konfliktbearbeitung: Michael hat offensichtlich große Schwierigkeiten mit sich. Seine blinde Wut und seine Aggression gegen seine Mitschüler verstehe ich als einen Hilferuf. Weder die Lehrerin noch ich konnten uns im Rahmen des normalen Unterrichts mit diesem Hilferuf auseinandersetzen. In der beschriebenen Situation ist es gelungen, Michael Grenzen zu setzen und ihm während seines Wutanfalls beizustehen. Dadurch konnte er sich beruhigen, und die anderen Kinder wurden vor seinen Übergriffen geschützt. Sie bekamen aber auch weniger Aufmerksamkeit, da ich immer wieder mit Michael beschäftigt war. Es ist mir nicht gelungen, ihn in die inhaltliche Arbeit einzugliedern. Ich gab mich damit zufrieden, mit den kooperativen Kindern weiterzuarbeiten, und war froh, ihn mit seinem störenden Freund hinausschicken zu können (eine Möglichkeit, die im Schulalltag nicht immer besteht).

Michael wird im Unterricht immer wieder aggressiv und stört andere. Die Lehrerin und die anderen Kinder kannten dieses Verhalten schon und hatten sich darauf eingestellt. Die Lehrerin berichtete über ihre Bemühungen, sich selbst mit ihm in solchen Situationen nicht zu streiten, da sich der Konflikt dadurch verschlimmere. Michael ist vor allem damit beschäftigt, mit sich selbst klarzukommen. Er und die Lehrerin wären sicherlich überfordert, wenn sie nach jedem Konflikt ein ausführliches Gespräch führen sollten.

„Belästigung" (4. Klasse)

Nicola, eine Schülerin der 4. Klasse, spricht mich wiederholt an, weil sie von einem Jungen aus der Nachbarklasse massiv belästigt wird. Da die anderen Kinder in der Klasse mit dem Konflikt vertraut sind und Nicola einverstanden ist, entscheiden wir uns, ein *Klassengespräch* darüber zu führen. Das Gespräch streckt sich über zwei Schulstunden; der zweite Teil findet vier Tage nach dem ersten statt. André, der betroffene Junge, ist nicht beim Konfliktgespräch dabei, da er am ersten Tag der Besprechung fehlt und am zweiten Tag keine Lust hat dazuzukommen.

Die Kinder spielen zum Einstieg in die Konfliktaufarbeitung eine entscheidende Episode als *Rollenspiel* vor, um den Konflikt für alle zu verdeutlichen (Nicola spielt sich selber). Im Rollenspiel passiert folgendes: Nicola ist auf dem Schulhof in der Pause. Yaser, ein Freund von André, drückt ihr einen Zettel in die Hand und sagt: „Hier, von André!" Nicola liest den Zettel („Ich will dich ficken. André"), sagt „Igitt", zerreißt ihn und wirft ihn weg. Als sie wieder oben im Flur ist und sich bückt, um Wasser zu trinken, tritt ihr André von hinten mit dem Fuß in den Po. Nicola dreht sich um, schreit „Du Blöder!"

und schlägt ihm ins Gesicht. Da guckt er ganz komisch, geht ihr hinterher und versucht, sie zu hauen, aber sie versteckt sich hinter Vanessa. Yaser ist auch noch dabei und schaut zu.

Auswertung des Rollenspiels: Bei der Auswertung kommt zur Sprache, daß der Konflikt inzwischen für Nicola eine Wende genommen hatte – sie hat keine Angst mehr vor André.

Konfliktanalyse: Nach dem Gespräch analysieren wir den Konflikt unter folgenden Gesichtspunkten (alle Antworten stammen von den Kindern): *Was ist das Problem?*
Aus der Sicht von Nicola: André läßt sie nie in Ruhe.

Aus der Perspektive von André: Er mag Nicola, aber sie will mit ihm nichts zu tun haben – darum ist er sauer.

Wie geht es den Beteiligten? Nicola ist genervt und sauer. André fühlt sich gut, stark und mutig, wenn die anderen Jungen dabei sind. Eigentlich fühlt er sich schwach und hat Angst. Er ist verliebt und eifersüchtig. Außerdem fühlt er sich vernachlässigt von seinen Eltern. Andrés Freund Yaser, der ihn immer wieder anstachelt, hat Angst vor ihm. Für Yaser ist André der „große Boß".

Was wollen sie? Nicola will in Ruhe gelassen werden und wünscht sich, daß ihr André anders zeigt, daß er sie mag. André will Aufmerksamkeit von Nicola, damit die anderen Jungen ihn gut finden, und er will angeben.

Was können sie bzw. was kann die Klasse tun, um den Konflikt zu beheben? Folgende Ideen wurden später verworfen: Nicola kauft einen Anrufbeantworter; die Lehrerin spricht mit André und sagt ihm, daß er spinnt; wir sagen den Eltern, sie sollen besser mit ihm umgehen.

Diese Ideen wollte die Klasse eventuell umsetzen: Mit André sprechen, daß er auch dann zu Nicola nett sein soll, wenn die anderen Jungen dabei sind; ihm klarmachen, daß Nicola ihn nicht mag, wenn er so grob ist; André zeitweise oder für immer in unsere Klasse holen (Begründung: Mit Adnan, der früher so aggressiv war, sind wir auch fertig geworden); dafür sorgen, daß André nette Freunde bekommt und nachmittags in den Hort geht; mit ihm und seiner Klasse sprechen; alle sollen zu ihm freundlich sein und ihn nicht kritisieren, sondern unterstützen; er soll eine Spieltherapie machen.

Bewertung der Konfliktbearbeitung: Das Gespräch war für alle Kinder in der Klasse spannend, was die angeregte Diskussion zeigte. Der Grund dafür war vermutlich, daß sich viele in ähnlichen Situationen befanden. In diesem Sinne konnte der Konflikt zwischen Nicola und André exemplarisch aufgearbeitet werden und stellte für alle einen Lernprozeß dar.

Die Tatsache, daß in der Klasse regelmäßig das Verhalten von Mädchen und Jungen problematisiert wurde und die Lehrerin die Mädchen in Absprache

30

mit den Eltern bewußt stärkte, machte sich beim Konfliktgespräch bemerkbar. Die Kinder standen tradierten Rollen kritischer gegenüber als andere vierte Klassen.

3.2 Vorschläge und Hilfestellungen für den Umgang mit Konflikten

Persönliche Erfahrungen mit Gewalt in der Schule

Der persönliche Umgang mit Gewalttätigkeiten in der Schule ist abhängig von eigenen Erfahrungen. Von Kindern kommt immer wieder der Vorwurf, daß Lehrkräfte bei gewalttätigen Auseinandersetzungen wegsehen, sich nicht darum kümmern, *sie damit allein lassen*. Ich kann mir mehrere Ursachen für ein solches Verhalten vorstellen:

- Lehrerinnen und Lehrer sind der Meinung, Kinder sollten lernen, ihre eigenen Angelegenheiten zu regeln.

- Sie sehen sich nicht in der Lage, sich auch noch damit auseinanderzusetzen.

- Sie sind genervt von den ständigen Aggressionen und haben keine Lust, sich damit zu beschäftigen.

- Sie sind entmutigt, weil sie schon öfter in Konflikte eingegriffen und Gespräche geführt haben, die aber nicht zu sichtbaren Ergebnissen führten (die Kinder streiten sich trotzdem weiter).

- Sie wissen nicht, wie sie konstruktiv eingreifen können.

- Sie haben Angst, verletzt zu werden oder sich vor den Kindern und/oder vor Kolleginnen zu blamieren, weil sie sich nicht durchsetzen können.

Trotz zeitweiliger Überforderung ist es unverantwortlich, Kinder in brenzligen Situationen sich selbst zu überlassen. Um das eigene Verhalten besser einschätzen zu können, könnte es hilfreich sein, sich mit den folgenden Fragen auseinanderzusetzen und sie mit einer Kollegin zu besprechen:

Was geht Ihnen bei gewalttätigen Auseinandersetzungen auf die Nerven?

Was macht Ihnen dabei Angst, wodurch fühlen Sie sich bedroht?

Was ist Ihre erste Reaktion (die Beteiligten anbrüllen; dazwischengehen; nichts tun; wegsehen und hoffen, daß es nicht so schlimm ist)?

Welche Erfahrungen (gute und schlechte) haben Sie mit gewalttätigen Auseinandersetzungen in der Schule gemacht?

Es ist nicht nur sinnvoll, über die eigenen Erfahrungen mit Gewalt in der Schule zu reflektieren, sondern auch, sich über das künftige Verhalten Gedanken zu machen.

Ihre Toleranzgrenze festlegen, bekanntmachen und an ihr festhalten

Nachdem Sie über Ihr vergangenes Verhalten in gewalttätigen oder bedrohlichen Situationen reflektiert haben, können Sie überlegen, wo Ihre *persönlichen Grenzen* liegen. Wenn Sie wissen, wieviel und welche Art von Aggression Sie bereit sind zu tolerieren, und dies den Kindern in Ihrer Klasse mitteilen, kann das für die Kinder eine wichtige Orientierung sein. Zum Beispiel können Sie Ihr Verständnis dafür ausdrücken, daß die Kinder manchmal ihren Ärger loswerden möchten. Gleichzeitig können Sie der Klasse klarmachen, daß es unhöflich und verletzend ist, andere zu beschimpfen – außerdem führen Beschimpfungen oft zu weiteren Konflikten. Deswegen verkünden Sie, daß Sie in der Klasse keine Beschimpfungen mehr hören wollen. Sie können den Kindern „akzeptable Beschimpfungen" vorschlagen bzw. mit ihnen vereinbaren. Es ist sicherlich sinnvoll, mit den Kindern zu besprechen, wie sie ihren Ärger ohne Beschimpfungen ausdrücken können. Natürlich müssen Sie überlegen, was Sie tun, wenn einzelne Kinder sich nicht an die Regeln halten. Es ist wichtig, *realistisch* zu sein. Drohen Sie keine Maßnahmen an, die Sie nicht bereit sind, im Ernstfall durchzuführen – dadurch machen Sie sich unglaubwürdig.

Wenn man Regeln nicht konsequent anwendet, sind sie bestenfalls zwecklos, schlimmstenfalls kontraproduktiv. Damit wird den Kindern signalisiert, daß Sie sich nicht an Ihr Wort halten, daß Sie sich nicht durchsetzen können. Dann ist es vielleicht doch besser, sich von vornherein nicht festzulegen ... Aber Kinder können nicht wissen, woran sie sich orientieren sollen, wenn ihnen keine klaren Grenzen mitgeteilt werden. Ich plädiere deswegen dafür, die eigene Toleranzgrenze in bezug auf gewalttätige oder bedrohliche Auseinandersetzungen festzulegen, bekanntzumachen und – so gut es geht – durchzusetzen. Es wird allerdings uneindeutige Situationen geben, in denen Sie verunsichert sind oder sich offenbar nicht an Ihre eigenen Regeln halten. Wenn Sie das sich selbst und der Klasse gegenüber verantworten können, ist das in Ordnung. (Ich denke z. B. daran, daß Sie Zustimmung signalisieren könnten, wenn ein Mädchen sich lautstark wehrt, das sich sonst von anderen Kindern einschüchtern läßt. Oder vielleicht ist es für einen aggressiven Jungen ein Fortschritt, wenn er andere nur beschimpft und sie nicht schlägt.)

Vielleicht helfen Ihnen bei Ihren Überlegungen folgende Fragen:

Wieviel Aggression (verbaler und physischer Art) tolerieren Sie seitens der Schülerinnen und Schüler? Was lassen Sie in der Klasse nicht zu? An welchen Punkten greifen Sie ein?

Haben Sie diese Übereinkünfte mit der Klasse vereinbart oder zumindest besprochen? (Das werden Sie wahrscheinlich immer wieder tun müssen.)

Sind Sie konsequent in Ihrem Verhalten? Wenn nicht: Was hindert Sie daran, konsequent zu sein? Bei welchen Kindern lassen Sie mehr Aggressionen zu als bei anderen? In welchen Situationen tun Sie das und warum? Wissen die Kinder in Ihrer Klasse, daß in brenzligen Situationen auf Sie Verlaß ist?

Vorgehen des Kollegiums bei gewalttätigen Auseinandersetzungen

Genauso wichtig ist, daß jedes Kollegium sich darauf einigt, wie mit gewalttätigen oder bedrohlichen Situationen umzugehen ist. Wenn das Kollegium und die Schulleitung sich die Mühe machen, *Grundregeln zum Umgang mit Gewalt* festzusetzen, kann die ganze Schule davon profitieren: Kolleginnen, Kinder und Eltern wissen, was sie erwarten können. Eine Übereinkunft darüber zu erzielen, welche Verhaltensweisen in der Schule toleriert und welche nicht toleriert werden, und wie vorzugehen ist, wenn gegen diese Regelungen verstoßen wird, wird wahrscheinlich selbst ein konfliktbeladener und langwieriger Entscheidungsprozeß sein. Ich möchte Ihnen aber Mut machen, in diesen Prozeß einzutreten. Die Alternative ist, daß einzelne Lehrkräfte weiterhin vor sich „hinwurschteln", sich gelegentlich über andere Kollegen oder über die Schulleitung ärgern bzw. sich im Stich gelassen fühlen. Dieser Zustand ist für die meisten Beteiligten nicht zufriedenstellend. Vielleicht helfen Ihnen bei Ihren Überlegungen folgende Fragen:

Wie effektiv unterstützen sich die Kolleginnen und Kollegen untereinander einerseits und das Kollegium und die Schulleitung andererseits beim Umgang mit gewalttätigen Situationen?

Herrscht im Kollegium und mit der Schulleitung Einigkeit darüber, wie in gewalttätigen Situationen vorzugehen ist?

Hat das Kollegium versucht (eventuell in Zusammenarbeit mit den Kindern), sich auf Grundregeln zu einigen? Wenn nicht, warum nicht? Was steht einem Einigungsprozeß im Wege? Wie könnten diese Hindernisse überwunden werden?

Welche kurz- und langfristigen disziplinären bzw. schulrechtlichen Maßnahmen stehen Ihnen zur Verfügung? Wie effektiv schätzen Sie diese Maßnahmen ein?

Welche Alternativen oder Ergänzungen gibt es zu herkömmlichen Maßnahmen, z. B. Konfliktgespräche, Vermittlungsausschuß, Täter-Opfer-Aus-
gleich? Wer hat diese Alternativen mit welchem Erfolg eingesetzt? Wenn
sie gescheitert sind: Woran sind sie gescheitert? Was müßte das nächste
Mal anders gemacht werden?

Bei welchen Verhaltensweisen werden welche Maßnahmen durchgeführt?

Wenn das Kollegium sich bereits auf Grundregeln geeinigt hat: Was sind
generelle Regeln, an die sich alle halten sollten, und worin besteht für
einzelne Lehrkräfte Ermessensspielraum? Wie werden die Regelungen den
Kindern und den Eltern mitgeteilt? Kennen diese die Regelungen? Wie
werden neue Klassen und neue Kinder in die Regeln eingeweiht? Empfinden die Lehrkräfte die Regelungen als hilfreich? Falls nicht, warum nicht
(z. B. weil einzelne Lehrkräfte Angst davor haben, sich vor anderen
Lehrkräften oder Kindern zu blamieren, wenn sie sich doch nicht durchsetzen können)?

Umgang mit Konflikten ohne offensichtliche Gewalt

In diesem Kapitel geht es vor allem um den Umgang mit gewalttätigen oder
bedrohlichen Situationen. Es gibt aber auch Situationen, die von außen nicht
als gewalttätig oder bedrohlich wahrgenommen werden, es aber trotzdem
sind. Es handelt sich dabei oft um Konflikte unter Mädchen, die häufig *subtil*
ablaufen und deswegen den Schulalltag weniger beeinträchtigen. Für die
Betroffenen kann es genauso verletzend sein, über längere Zeit von einer
Gruppe gehänselt und ausgeschlossen zu werden, wie direkter Bedrohung
ausgesetzt zu sein. Für die Sorgen dieser Kinder sollten Sie ein offenes Ohr
haben. Deswegen wäre es wichtig, über das eigene Verhalten bei solchen
Konfliktfällen nachzudenken. Dabei könnten folgende Fragen eine Hilfestellung bieten:

Nehmen Sie Konflikte ernst, die das Klassengeschehen insgesamt nicht
stören?

Wie verhalten Sie sich bei latent bedrohlichen Konfliktsituationen? Inwieweit nehmen Sie diese Konflikte überhaupt wahr? Ignorieren Sie sie z. B.
und hoffen, daß sie sich von selbst lösen, verfolgen Sie sie aus der Ferne,
oder bieten Sie aktive Unterstützung an?

Sind Sie offen für Einzelgespräche? Wie signalisieren Sie den Kindern
diese Offenheit bei persönlichen Schwierigkeiten?

Kommen die Kinder zu Ihnen mit ihren kleinen und großen Problemen?
Wenn nicht, warum nicht?

Verhalten in Gewalt- und Bedrohungssituationen

Jeder Konflikt, ob gewalttätig oder nicht, verläuft anders. Wenn die Situation gewalttätig ist oder unmittelbar gewalttätig zu werden droht, müssen Sie schnell handeln. Als erstes geht es darum, in die Auseinandersetzung einzugreifen und *die Gewalt zu unterbrechen,* um weiteren Schaden zu verhindern. Dann sollten Sie sich einen Überblick über die Situation verschaffen und feststellen, ob jemand verletzt ist. Bei der Sorge um Opfer und Täter werden Sie eventuell Unterstützung benötigen. Erst wenn sich die Beteiligten beruhigt haben, können Sie mit ihnen den eigentlichen Konflikt aufarbeiten und nach Lösungen suchen bzw. einen Termin für eine Besprechung festlegen. Nicht zuletzt muß geklärt werden, ob die Beteiligten gegen die Verhaltensregeln der Schule verstoßen haben und, wenn ja, welche Konsequenzen ihr Verhalten nach sich zieht. Wie Sie genau vorgehen, hängt von den jeweiligen Umständen ab, z. B. davon, wie weit der Konflikt schon eskaliert ist, wie viele daran beteiligt sind, ob die Kinder bewaffnet sind, was schon vorgefallen ist und wie gut Sie die Beteiligten kennen und einschätzen können. Nicht unwesentlich ist natürlich die praktische Frage, um welche anderen Kinder Sie sich gerade zu kümmern haben, da Konflikte meistens unvorhersehbar in den Schulalltag einbrechen.

Die folgenden Vorschläge sollen Ihnen helfen, kurzfristig sinnvoll auf Gewaltsituationen reagieren zu können. Ideen, welche langfristigen Maßnahmen ergriffen werden können, damit solche Vorfälle in Zukunft seltener vorkommen oder gar verhindert werden, werden im Kapitel 4.6 „Gewaltfreie Konfliktaustragung" vorgestellt.

● *In die Auseinandersetzung eingreifen, die Gewalt unterbrechen*

Bei weniger gefährlichen Auseinandersetzungen können Sie das Geschehen kommentieren oder versuchen, die Streitenden abzulenken. Falls die Auseinandersetzung schon eskaliert ist, sollten Sie die Streitenden voneinander trennen. Teilen Sie ihnen unmißverständlich mit, daß sie aufhören sollten, aufeinander einzuprügeln. Wenn die verbale Aufforderung nichts nützt, gehen Sie mit Ihrem Körper dazwischen. Überlegen Sie vorher, was Sie tun können, wenn die Streitenden Ihre Aufforderungen ignorieren oder wenn Sie selber verletzt werden.

● *Sich einen Überblick von der Lage verschaffen*

Es geht nicht darum, die Schuldfrage („Wer hat angefangen?") zu stellen. Klären Sie lediglich, wer an der Auseinandersetzung beteiligt ist und wer mitbekommen hat, was passiert ist (Zeugen noch nicht erzählen lassen!).

● *Opferhilfe leisten*

Stellen Sie fest, um wen Sie sich unmittelbar kümmern müssen. Ist jemand verletzt? Wie können Sie dem verletzten Kind helfen, z. B. mit Erster Hilfe oder mit seelischem Beistand: beruhigen, in den Arm nehmen oder zuhören.

● *Signal an den Täter geben*

Stellen Sie fest, ob es einen eindeutigen (Gewalt-)Täter oder Angreifer gibt. Falls ja, signalisieren Sie ihm unmißverständlich, daß sein Verhalten nicht in Ordnung war. Entscheiden Sie: Wollen Sie mit ihm sofort etwas unternehmen (z. B. ihn beruhigen, zur Schulleitung gehen) oder wollen Sie sich erst später mit ihm ausführlicher auseinandersetzen?

● *Unterstützung holen*

Falls Sie die Unterstützung der umstehenden Kinder oder einer Kollegin brauchen, teilen Sie gezielt jemandem mit, was er tun soll.

● *Zuschauende Kinder wegschicken*

Wenn die Anwesenheit anderer Kinder die Situation erschwert, schicken Sie sie weg oder gehen Sie selbst mit den am Konflikt beteiligten Kindern woanders hin.

● *Die Konfliktparteien beruhigen*

Sie haben viele Möglichkeiten, die Streitparteien zu beruhigen. Sie können sie z. B. auffordern, tief durchzuatmen; sie räumlich trennen (sie in die „Abkühlecke" schicken); die Situation so einrichten, daß sie sich nicht mehr ansehen oder berühren können, bis sie wieder zu sich gekommen sind; den Kindern eine Möglichkeit geben, ihre Gefühle wie Trauer oder angestaute Wut auszudrücken; sie fragen, was los war und wie es ihnen jetzt geht.

● *Konflikt aufarbeiten*

Wenn sich die Beteiligten beruhigt haben, können Sie sich mit ihnen einigen, ob, wann und in welchem Rahmen ein Konfliktgespräch stattfinden und wer dabei sein sollte. Es empfiehlt sich, das Gespräch so schnell wie möglich zu führen, was sich aus praktischen Gründen nicht immer verwirklichen läßt. Sie müssen entscheiden, ob es sich lohnt, d. h., ob der Konflikt schwerwiegend genug ist, ein (ausführliches) Konfliktgespräch zu führen. Unter Umständen ist es sinnvoll, sich zuerst einzeln mit den Beteiligten zu treffen, um sie zu einem gemeinsamen Gespräch zu ermuntern. Wenn eine Seite sich dem Gespräch verweigert, sollten Sie zunächst mit der anderen Seite sprechen. Vielleicht fühlen sich die Streitparteien aber in der Lage, direkt miteinander zu verhandeln. Im Gespräch wird erstens geklärt, was vorgefallen ist. Zweitens suchen die „Konfliktpartner" nach einer Lösung, die die Bedürfnisse und Wünsche beider Seiten berücksichtigt.

● *Konsequenzen ziehen*

Falls der Konflikt nicht im Gespräch geregelt werden konnte, sollte geklärt werden, welche Folgen das Verhalten der Beteiligten hat. Wenn einzelne bestraft werden: Wer entscheidet über die Strafe? Diese Person sollte über alle Vorgänge informiert sein und beide Seiten anhören. Es ist wichtig, daß die Strafe im Verhältnis zur Tat steht: Bekommt das Opfer einen Ausgleich für das, was es erlitten hat (z. B. verletzte Gefühle gelindert, kaputtgegangene Gegenstände ersetzt). Macht die Strafe dem Täter etwas aus, was lernt er dadurch? Welche Botschaft erhalten die Beteiligten, wenn ihr Verhalten keine oder eher unangebrachte Folgen hat?

3.3 Konfliktgespräche führen

Ob Konflikte weniger bedrohlich ausgetragen werden oder schon gewalttätig eskaliert sind, Sie werden immer wieder aufgefordert sein, Konfliktgespräche zu führen. Wie solche Gespräche ablaufen, bestimmt maßgeblich ihren Ausgang. Wenn Sie z. B. nach einem Schuldigen suchen, kann sich ein Kind so in die Enge getrieben fühlen, daß es nicht offen sein kann. Auch die häufig gestellte Frage: „Wer hat angefangen?" ist in diesem Zusammenhang wenig hilfreich. Denn unabhängig davon, wer angefangen hat, beide Parteien waren am Konflikt beteiligt und haben ihn weitergeführt!

Etwas ganz anderes ist, wenn jemand ernsthaft verletzt wurde: In diesem Fall muß der Angreifer zur Rechenschaft gezogen werden, unabhängig davon, wie der Konflikt begonnen hat. Lösungen, die sich Erwachsene ausdenken und den Kindern aufdrängen, verfehlen häufig ihre Wirkung, da sie den Kindern nicht entsprechen. So reichen sich z. B. zwar die streitenden Parteien nachträglich die Hand, tun dies aber oft widerwillig und haben sich nicht wirklich „versöhnt". Sie machen es, weil sie dazu gezwungen werden oder der Lehrerin zuliebe. Das Problem ist damit für sie aber nicht aus der Welt!

Das hier vorgestellte Konzept des Konfliktgesprächs entwickelte ich in Anlehnung an die Methode der „Mediation" (Vermittlung in Konflikten durch unbeteiligte Dritte). Diese Methode ist in US-amerikanischen Schulen verbreitet und wird sowohl von Lehrkräften als auch von Kindern und Jugendlichen angewendet. Für eine Übertragung von Mediation auf deutsche Grundschulverhältnisse siehe Hagedorn 1995.

Was soll mit dem Gespräch erreicht werden?

Wichtig ist, was Sie (und die Betroffenen) sich von dem Konfliktgespräch erhoffen. Woran messen Sie den Erfolg oder Mißerfolg eines solchen Gesprächs? Was wollen Sie damit erreichen, z. B. Einsicht der Kinder in eigenes Fehlverhalten; Ernstnehmen des Konflikts; gegenseitiges Zuhören; Beenden der Auseinandersetzung; andere Streitkultur? Versuchen Sie sich vor dem Gespräch *Klarheit über Ihre Ziele* zu schaffen.

Wer ist am Konfliktgespräch beteiligt?

Für den Erfolg des Gesprächs ist weiterhin wichtig, *wer daran teilnimmt.* Außer den am Konflikt Beteiligten können Zeugen, alle beim Konflikt Anwesenden, die ganze Klasse, eine weitere Lehrkraft, die Schulleitung oder die Eltern zeitweise oder während des ganzen Gesprächs dabei sein. Die „Besetzung" sollte jedoch ausgewogen sein. Vielleicht benötigt die eine oder andere Streitpartei die Unterstützung einer Freundin oder eines Freundes, um sich äußern zu können. Das ist besonders angebracht, wenn eine Partei weniger Macht hat als die andere, z. B. bei Konflikten zwischen Lehrerinnen und Schülerinnen oder zwischen einer wortkargen und einer wortgewandten Schülerin. Welche Personen tatsächlich hinzugezogen werden, hängt von der Schwere des Konflikts ab. Sicherlich werden die Eltern nicht eingeschaltet, wenn es um ein kaputtes Spielzeug geht, oder wenn sie nichts konstruktiv zum Gespräch beitragen können, z. B. wenn bekannt ist, daß sie ihr Kind schlagen. Schließlich müssen Sie überlegen, ob Sie zur Gesprächsleitung z. B. eine Kollegin zur Unterstützung dabeihaben wollen.

Wie ist Ihre Rolle als Gesprächsleiterin?

Wenn Sie am Konflikt direkt beteiligt waren, sollten Sie als Konfliktpartei die Gesprächsleitung nicht übernehmen – das wäre der anderen Konfliktpartei gegenüber unfair. Entscheidend ist auch, ob Sie *Partei ergreifen* oder *neutral* sein wollen. Wenn vorher bekannt ist oder wenn sich herausstellt, daß einem Kind grobes Unrecht getan wurde, können und sollten Sie Partei für dieses Kind ergreifen. In diesem Fall ist es aber sinnvoll, eine Kollegin einzuladen, die neutral bleiben und zwischen den zwei Parteien vermitteln kann. Das trifft auch dann zu, wenn Ihnen ein Kind extrem unsympathisch ist.

Im Regelfall, d. h., wenn der Konflikt zwischen Gleichberechtigten stattfand, ist es von Vorteil, neutral zu bleiben. So sind Sie nicht damit beschäftigt, Ihre eigene Position darzustellen oder zu begründen, und können sich viel besser auf den Verlauf des Gesprächs und auf das, was die Kinder erzählen, konzentrieren. Auf diese Weise können Sie die Kinder effektiver darin unterstützen, einander zu verstehen, Verantwortung für ihr eigenes Verhalten zu übernehmen und nach eigenen Lösungen zu suchen. Ein solcher Klärungsprozeß hat Modellfunktion: Die Kinder lernen nach und nach, ihre Konflikte ohne erwachsene Unterstützung zu regeln.

In welchem Rahmen findet das Gespräch statt?

Das Gespräch sollte unbedingt in einer ruhigen und *entspannten Atmosphäre,* in der sich alle Beteiligten möglichst wohlfühlen können, stattfinden. Wenn der Konflikt am Ort des Geschehens besprochen und relativ rasch abgehandelt wird, haben Sie wahrscheinlich keine Auswahl in bezug auf die Räumlichkeiten. Sie können aber beispielsweise eine ruhige Ecke suchen und herumstehende Kinder wegschicken. Für ein längeres Gespräch brauchen Sie Zeit und Ruhe. Vielleicht können Sie sogar für Tee und Kekse sorgen. Klären Sie zu Beginn des Gesprächs, wieviel Zeit die einzelnen haben, damit Sie sich in Ihrer Planung darauf einrichten können. Klären Sie zum Schluß, ob andere vom Ergebnis des Gesprächs informiert werden müssen und wer diese Aufgabe übernimmt. Bei manchen Konflikten wird es nötig sein, sich mehrmals zu treffen.

Wie wird das Gespräch geführt?

Als Gesprächsleiterin ist es wichtig, das Gespräch zu *strukturieren,* aber nicht zu dominieren. Betrachten Sie sich als Gesprächshelferin oder Vermittlerin zwischen den Konfliktparteien: Ihre Aufgabe ist es, den Kindern bei der Klärung ihres Konflikts zu helfen. Entscheidend ist, daß alle Parteien angehört werden, es sei denn, sie verweigern ihre Teilnahme am Gespräch. Manchmal stellt sich dabei heraus, daß die Dinge ganz anders gelaufen sind, als von außen vorher zu beobachten war. Das Gespräch ist kein Tribunal. Alle Beteiligten haben das Recht, das Problem aus ihrer Sicht darzustellen.

Es ist sinnvoll, zu Beginn des Gesprächs *Regeln* einzuführen, die für alle verbindlich sind. Diese könnten z. B. sein: ausreden lassen, nicht unterbrechen, ehrlich sein, nicht beleidigen, keine Vorwürfe machen, zusammenarbeiten, eine gemeinsame Lösung finden.

Wenn die Kinder in der Lage sind, direkt miteinander zu verhandeln, brauchen Sie lediglich aufzupassen, daß ihre Äußerungen konstruktiv bleiben, und sie ab und zu in die richtige Richtung steuern (z. B. sie dazu bewegen, sich für eine Lösung zu entscheiden). Wahrscheinlicher ist aber, daß Sie zwischen den beiden Parteien *vermitteln* müssen und damit das Gespräch stark strukturieren werden.

Besprochen werden sollte:

● Was ist vorgefallen? (Konflikt definieren)

● Wie kam es dazu? Warum ist das passiert? (Ursachen klären)

● Welche Gefühle hat der Konflikt bei den Beteiligten ausgelöst? (Gefühle artikulieren)

● Was machen wir jetzt? (Lösung suchen)

Wie stark der jeweilige Bereich betont wird, hängt von dem Konflikt selbst und der Fähigkeit und Bereitschaft der Kinder ab, sich auf das Gespräch einzulassen.

Konflikt definieren

Um das Gespräch in Gang zu bringen, können Sie z. B. fragen: Was ist passiert? Was ist das Problem? Lassen Sie beide Kinder kurz den Konflikt aus ihrer Sicht darstellen. Wenn es ein Machtungleichgewicht zwischen den Parteien gibt, fordern Sie zuerst die schwächere Partei auf, sich zu äußern. Fassen Sie das Gesagte anschließend kurz zusammen, fragen Sie das Kind, ob Sie es richtig verstanden haben, und wiederholen Sie diesen Vorgang mit dem anderen Kind. Versuchen Sie, für den Konflikt *eine von beiden Seiten getragene Definition* zu finden. Die Definition soll in möglichst neutraler Sprache formuliert werden. Hier zwei Beispiele: Nicht „Das Problem ist, daß Simone ihre Sachen am Tisch ausbreitet und Karin Simone angeschrien hat", sondern: „Das Problem ist, daß ihr, Karin und Simone, euch nicht darauf einigen könnt, wem wieviel Platz am Tisch zusteht". Nicht: „Das Problem ist, Tim will frische Luft atmen und macht das Fenster auf, aber Hakan friert und macht immer wieder das Fenster zu", sondern: „Das Problem ist, Tim und Hakan, daß ihr euch nicht einig seid, wie oft und wie lange das Fenster geöffnet werden sollte".

Entscheidend ist, daß Sie nur an einem Konflikt auf einmal arbeiten. Auch wenn sich bei der Konfliktbesprechung herausstellt, daß die Sache viel komplizierter ist, als ursprünglich gedacht, schlagen Sie den Konfliktparteien vor, zunächst an einem Teilkonflikt zu arbeiten (Entflechtung der Problemstränge). Wenn Sie versuchen, alle Probleme auf einmal zu lösen, wird es sehr viel schwieriger sein, überhaupt eine Lösung zu finden. Wenn andererseits die Streitparteien erfahren haben, daß es möglich ist, kleinere Konflikte zu lösen, werden sie sich vielleicht nach und nach auch an die größeren wagen.

Ursachen klären

Versuchen Sie als nächstes zu klären, *wie* es zu dem Konflikt kam und *was vorher* geschehen ist. An dieser Stelle sollten Sie wieder die Kinder abwechselnd zu Wort kommen lassen. Lassen Sie es nicht zu, daß die Kinder zu streiten beginnen („Sie hat mich schon die ganze Zeit gestört!" „Das stimmt doch gar nicht, du hast angefangen!"). Es sollten lediglich beide Sichtweisen zur Sprache kommen. Fassen Sie kurz zusammen, was jedes Kind erzählt hat. Wenn niemand ernsthaft verletzt wurde, ist es nicht nötig, aus dem Gesagten die „Wahrheit" herauszufiltern. Eine objektive Wahrheit gibt es wahrscheinlich sowieso nicht. Machen Sie das den Kindern klar. Jedes Kind hat die Situation auf seine eigene Weise erlebt, und das ist für dieses Kind die Realität, seine Wahrheit.

Das gilt allerdings nicht für Situationen, in denen jemand ernsthaft verletzt wurde! In diesem Fall ist es doch wichtig, *genau zu rekonstruieren,* was vorgefallen ist, da auch unfall-, aufsichts- und schulrechtliche Fragen relevant werden. Dann wird es u. U. notwendig sein, Zeugen berichten zu lassen. Falls der Angreifer seine Aktionen abstreitet, muß ihm verdeutlicht werden, welchen entscheidenden Anteil er an der Auseinandersetzung hatte und daß er dafür Verantwortung tragen muß. In diesem Fall können Sie als Vermittlerin nicht neutral bleiben und müssen aus Präventionsgründen klar Stellung beziehen.

Gefühle artikulieren

Dieser Bereich ist äußerst wichtig, denn Gefühle spielen bei Konflikten eine entscheidende Rolle. Gerade Grundschulkinder haben in der Regel wenig Hemmungen, ihre Gefühle spontan zu äußern, auch wenn manche es noch nicht gelernt haben, diese differenziert zu artikulieren. Fragen Sie die Streitparteien nacheinander, wie es ihnen bei dem Konflikt ging und wie es ihnen jetzt geht. Fassen Sie das Gesagte jeweils kurz zusammen oder fordern Sie die Kinder auf, dies zu tun. Achten Sie darauf, ob die Kinder sich gegenseitig zuhören und die Gefühle des anderen auf sich wirken lassen und sie annehmen.

Lösung suchen

Das Konfliktgespräch wird meistens an seinem Ergebnis gemessen. Die Lösungsvorschläge sollen möglichst von den Konfliktpartnerinnen selbst kommen, denn sie sind es, die sie umsetzen, die mit ihnen leben müssen. Nur sie können wissen, ob eine Lösung ihren Bedürfnissen und Wünschen entspricht.

Der erste Schritt ist, *Lösungsideen* zu sammeln. Das kann am besten in Form eines Brainstormings gemacht werden, d. h., man schreibt die Frage auf: „Was machen wir jetzt?" und notiert alle Antworten, egal wie lächerlich oder unpraktisch sie zunächst erscheinen. Ermutigen Sie die Konfliktparteien zur Kreativität, also dazu, auch ganz ausgefallene Ideen zu äußern. Das kann den Klärungsprozeß erleichtern. Wenn es einen eindeutig Schuldigen gibt, sollte dieser zuerst gefragt werden, was er als Lösung vorschlägt.

Vielleicht steht zu Beginn der Überlegungen auch eine andere Frage im Vordergrund, z. B. „Was willst du jetzt?", „Was willst du vom anderen?" oder „Was kannst du dem anderen anbieten?" Es kann nach dieser Aussprache einfacher sein, sich auf eine gemeinsame Lösung zu einigen. Welche Frage Sie an wen an welchem Punkt im Klärungsprozeß stellen, ist von der Situation und der Stimmung abhängig. Nur wenn der Konflikt schon beigelegt ist und aufgearbeitet wird, sollte überlegt werden, was man bei dem Konflikt hätte anders machen können. Ansonsten kann man sich später darüber Gedanken machen.

Der zweite Schritt besteht darin zu klären, mit welchen Regelungen *beide Streitparteien einverstanden* wären. Das können Sie tun, indem Sie die Liste durchgehen und alle Vorschläge streichen, mit der die eine oder andere Seite nicht einverstanden ist. Unter den übriggebliebenen Vorschlägen suchen sich

41

die Konfliktparteien eine oder mehrere aus, auf die sie sich einigen können (dritter Schritt). Als Gesprächsleiterin sollten Sie darauf achten, daß die Lösung realistisch und ausgewogen ist. Wenn (seelischer, körperlicher oder Sach-) Schaden angerichtet wurde, sollte die Lösung eine Form von Wiedergutmachung enthalten. Fragen Sie beide Seiten: Ist das für dich so in Ordnung? Kannst du diese Lösung akzeptieren? oder: Wie geht es dir bei dieser Lösung?

Zum Schluß der Sitzung steht eine ausformulierte Lösung fest, die die Bedürfnisse und Wünsche beider Konfliktpartner erfüllt und dennoch realistisch ist, also *gute Chancen hat, umgesetzt zu werden.* Die Lösung kann verbal vereinbart oder in einem schriftlichen Vertrag festgelegt werden. Der zeitliche Rahmen sollte eindeutig ein. Unter Umständen ist es sinnvoll, sich mit den Kindern für einen späteren Zeitpunkt zu verabreden, um nachzufragen, ob die Lösung klappt und wenn nicht, was jetzt unternommen werden soll. Bedanken Sie sich bei den Kindern für ihre gute Zusammenarbeit und gratulieren Sie ihnen, daß sie ihr Problem gelöst haben.

4. Spiele und Übungen

4.1 Kennenlernen und Auflockern

Namens- und Kennenlernspiele werden vor allem am Anfang des Schuljahres eingesetzt, aber auch dann, wenn ein Kind neu in die Klasse kommt oder Sie eine Klasse übernehmen. Um Teil des Gruppenprozesses zu sein, sollten Sie nach Möglichkeit selbst an den Spielen teilnehmen.

Die *Auflockerungsspiele* ermöglichen einen konkurrenzfreien Umgang der Kinder miteinander. Sie verfolgen kein spezielles pädagogisches Ziel und sollten immer wieder eingesetzt werden. Achten Sie darauf, daß die Spiele nicht zu sehr „ausufern" – besonders wenn sie den Kindern Spaß machen –, weil dadurch die Konzentration verlorengeht. Seien Sie außerdem offen für Spielvorschläge aus der Klasse. Allerdings sollten es keine Spiele sein, bei denen manche „gewinnen" und andere „verlieren".

Vorgestellt werden außerdem *Methoden zur Paar- und Kleingruppenbildung*, auf die Sie im Rahmen anderer Themenbereiche zurückgreifen können.

Namensspiele

Die Kinder lernen die Namen der anderen Kinder und verbinden etwas Positives mit diesen Namen. Sie können diese Spiele übrigens auch bei Elternabenden einsetzen.

Namensspiel mit Bewegung

Die Klasse steht im Kreis. Fangen Sie an, indem Sie sich mit Ihrem Namen vorstellen und dazu eine Bewegung machen. Die Vorstellungsrunde geht im Kreis herum. Das Kind neben Ihnen stellt dann Sie mit Ihrer Bewegung, dann sich selbst mit einer eigenen Bewegung vor. Das nächste Kind stellt erst Sie, dann das erste Kind, dann sich selbst vor usw. Die Runde ist erst zu Ende, wenn alle mit ihren Namen und Bewegungen vorgestellt wurden.

Sie können die Kinder spontane Bewegungen machen lassen oder eine Vorgabe nennen, z. B. eine typische Bewegung oder eine, die ausdrückt, wie es ihnen gerade geht. Die Kinder sollen nicht unter Druck stehen, alles perfekt nachzumachen. Wenn jemand Schwierigkeiten hat, sich so viele Namen und Bewegungen zu merken, dürfen andere selbstverständlich helfen.

Variationen: Jeder wiederholt nur Namen und Bewegung des Vorkindes statt alle Namen. Eine weitere Möglichkeit ist, die Bewegung durch die Beantwortung einer Frage zu ersetzen, z. B. nach dem Lieblingsspielzeug, dem Lieblingsessen oder danach, was sich das Kind zu Weihnachten wünscht.

Erfahrungen: Mehr als einmal erlebten wir, wie vor allem Jungen sich weigerten, die Namensspiele ernst zu nehmen bzw. sie benutzten, um sich in den Vordergrund zu stellen. In einer 1. Klasse sollten die Kinder sagen, wie sie heißen und was sie sich zu Weihnachten wünschen. Das Spiel wurde ins Lächerliche gezogen, als sich ein Junge „Kacke mit Senf" wünschte – viele Jungen und Mädchen fanden diese Aussage lustig und wiederholten sie, bis wir schließlich das Spiel abbrechen mußten. Ähnlich ratlos fühlte ich mich, als sich einige Erstkläßler ein „Mädchen zum Abknutschen" wünschten.

Namensspiel: Wenn ich ein Tier wäre ...

Die Kinder stehen oder sitzen im Kreis. Ein Kind fängt an: „Ich heiße Lilli. Wenn ich ein Tier wäre, wäre ich eine Löwin." Das nächste Kind stellt Lilli, die Löwin, vor, dann sich selbst, bis alle sich vorgestellt haben.

Spinnennetz-Namensspiel

Material: ein Wollknäuel mit strapazierfähiger Wolle

Die Klasse sitzt im Stuhlkreis. Sie nehmen das Wollknäuel in die Hand, halten das Fadenende fest, werfen ihn einem Kind zu und sagen: „Ich bin Herr Steiner und werfe zu Florian." Florian hält die Wolle fest und wirft den Knäuel weiter, sagt dabei seinen eigenen Namen und den Namen der nächsten Schülerin. Es entsteht ein Netz, das die einzelnen in der Klasse miteinander verbindet. Wenn alle schon an der Schnur festhalten, können sie mit den Kindern darüber sprechen, was das jetzt für ein Gefühl ist, z. B. „Wir sind alle miteinander verbunden". Dann geht das Wollknäuel rückwärts, ob mit oder ohne Namensnennung, das hängt von der Gruppengröße und der Geduld der Gruppe ab. Bitte weisen Sie darauf hin, daß das Wollknäuel immer *über* die Schnur geworfen werden soll.

Namensschilder

Material: Namensschilder oder Tesakrepp

Jedes Kind macht für sich ein Namensschild mit einem kleinen Bild darauf, z. B. einem Symbol. Dann stellen sich die Kinder im Kreis auf und erklären ihr Symbol.

Kennenlernspiele

Diese Spiele dienen der Förderung des vorurteilsfreien Kennenlernens in der Klasse. Die Kinder erfahren von gemeinsamen und unterschiedlichen Eigenschaften, Interessen und Vorlieben ihrer Mitschüler. Außerdem lernen Sie die einzelnen Kinder besser kennen. Häufig wissen Lehrerinnen mehr über die lautstarken „Problemkinder" (meist Jungen) als über die „stillen kooperativen" (meist Mädchen), die aber nicht weniger auf Aufmerksamkeit und Unterstützung angewiesen sind.

Leider konnten wir nicht immer voraussetzen, daß alle Kinder an einem gegenseitigen und gleichberechtigten Kennenlernen interessiert und dafür offen waren. Die Abneigung – und damit meistens Abwertung – der Jungen gegenüber den Mädchen war auffallend größer als umgekehrt.

Wandernde Reporterinnen *(Dauer ca. 20 Min.)*

Altersstufe: ab 2. Klasse

Material: ein DIN-A4-Blatt und ein Stift für jede Teilnehmerin; für die 2. und 3. Klasse sollten die Fragen auf dem Arbeitsblatt vorformuliert sein

Jede Schülerin schreibt den eigenen Namen auf ein Blatt, geht im Raum herum und interviewt mehrere Mitschülerinnen. Die Reporterin stellt eine Frage an die Interviewpartnerin und schreibt die Antwort auf ihr Blatt, dann werden die Rollen getauscht. Am Schluß hat jede Schülerin einen Bericht über ihre Eigenschaften, Interessen und Vorlieben.

Variation: Es kann auch ein Thema vorgegeben werden, z. B. kann es heißen: … gefällt mir in der Schule … … gefällt mir in der Schule nicht.

Verändere drei Sachen

Die Klasse teilt sich in Paare auf. Die Paare stehen sich gegenüber und beobachten genau, wie der andere angezogen ist. Dann drehen sie sich um, jeder verändert drei Sachen (z. B. Ärmel hochziehen, Schuhe tauschen, Ohrringe herausnehmen). Wenn beide fertig sind, drehen sie sich zueinander und müssen jeweils herausfinden, welche drei Sachen der andere geändert hat.

Auswertung: Fragen Sie die Kinder, ob sie alles herausbekommen haben bzw. welche Sachen besonders leicht oder schwierig waren.

Variationen: Für kleinere Kinder sollte zur Einleitung ein Paar das Spiel vor der ganzen Gruppe durchführen. In einer 1. Klasse haben wir sogar darauf verzichtet, die Kinder selbständig in Paaren arbeiten zu lassen. Statt dessen gingen die Paare in die Mitte des Stuhlkreises und bekamen von den anderen Hinweise und Hilfestellungen zu möglichen Veränderungen.

Abgewandelt nach einer Idee von Kreidler, 1984, S. 87

Eckenspiel

Vorbereitung: altersgemäße Fragen überlegen, die niemanden diffamieren

Erklären Sie, daß die Klasse sich immer wieder in zwei Gruppen aufteilen soll, daß diese Gruppen aber wechselnd besetzt sind. Sagen Sie dann beispielsweise: „Alle, die in Berlin geboren sind, gehen in die Ecke, alle, die woanders geboren sind, gehen in die andere" (die anderen sollten sagen, woher sie stammen). „Alle, die Geschwister haben, in die Ecke, alle, die keine haben, in die andere." „Alle, die außer Deutsch noch eine andere Sprache fließend sprechen, in die Ecke, die anderen dorthin." „Alle, die gerne zur Schule gehen, dorthin, die nicht gerne zur Schule gehen, dorthin." usw. Zum Schluß kann die Klasse selbst die Aufgabenstellung übernehmen. Halten Sie nach jeder Aufteilung kurz an, und fordern Sie die Kinder auf, sich umzuschauen, wer zu ihrer Gruppe und wer zur anderen Gruppe gehört.

Auswertung: Fragen Sie, was die Kinder Neues übereinander erfahren haben. Wie ist es, zu einer bzw. verschiedenen Gruppen zu gehören? Hat jemand mal alleine gestanden? Wie war das für dich? Hat dich etwas überrascht?

Erfahrungen: Dieses Spiel bedeutete offenbar eine Bestätigung für die ausländischen Kinder einer 2. Klasse: Noch Monate später erinnerten sie sich an die Frage, wer noch eine andere Sprache spreche.

Abgewandelt nach: Kreidler, 1984, S. 162

Die drei Musketiere *(Dauer ca. 20 – 30 Min.)*

Altersstufe: 3. bis 4. Klasse

Material: ein Arbeitsblatt (s. S. 47) für jede Dreiergruppe

Erklären Sie einleitend, daß es bei dieser Übung darum geht festzustellen, was die einzelnen gemeinsam haben und was sie unterscheidet. Teilen Sie die Klasse in Dreiergruppen auf; jede Gruppe bekommt ein Arbeitsblatt.

Erklären Sie das Arbeitsblatt, und weisen Sie darauf hin, daß die Antworten sich nicht nur auf Äußerlichkeiten beziehen sollen, da es auch darum geht, etwas Neues über die anderen zu erfahren. Fragen Sie die Kinder nach Beispielen, etwa: „Wir mögen alle Spaghetti", „Wir mögen alle nicht aufräumen", „Ich heiße … und bin anders, weil ich kurdisch spreche". Wichtig: Es dürfen keine Namen genannt werden („Wir alle finden M. doof").

Die Gruppen füllen selbständig und gemeinsam das Arbeitsblatt aus. Jeder in der Kleingruppe muß mit allen Antworten einverstanden sein. Sie können von Gruppe zu Gruppe gehen und darauf achten, daß die Kinder wirklich aufeinander hören. Wenn alle fertig sind, kommen die Kleingruppen wieder im Stuhlkreis zusammen und stellen sich und ihre Arbeitsergebnisse vor. Die Blätter können zum Nachlesen an die Wand gehängt werden.

Auswertung: Fragen Sie die Kinder, ob es in manchen Gruppen Überraschungen gab, ob sie z. B. etwas erfahren haben, was sie vorher nicht wußten oder vermuteten.

Die drei Musketiere

Das sind drei Sachen, die wir alle mögen:

1. _____

2. _____

3. _____

Das sind drei Sachen, die wir alle nicht mögen:

1. _____

2. _____

3. _____

Darin unterscheiden wir uns:

Name: _____

Ich bin anders, weil _____

Name: _____

Ich bin anders, weil _____

Name: _____

Ich bin anders, weil _____

Abgewandelt nach: Kreidler, 1984, S. 158

Auflockerungsspiele

Die Auflockerungsspiele dienen der Einübung in die Arbeitsmethoden und bei den späteren Themenbereichen zur Auflockerung. Sie werden gewöhnlich zur Einstimmung bzw. zum Ausklang der Stunde oder zur Abwechslung zwischen ernsteren Übungen eingesetzt. Bei diesen Spielen kooperieren die Kinder grundsätzlich miteinander, statt gegeneinander zu konkurrieren.

Bei mehreren Spielen ist Körperkontakt unvermeidbar bzw. Teil des Spiels.

Das geht natürlich nur, wenn sich die Kinder dabei wohl fühlen. Auf keinen Fall dürfen die Spiele zu Übergriffen ausgenutzt werden. Brechen Sie das Spiel sofort ab, wenn das passiert, und besprechen Sie den Vorfall mit der Klasse!

Obstsalat-Spiel

Die Klasse sitzt im Kreis. Fragen Sie: „Was kommt in einen Obstsalat?" Dann zählt die Gruppe durch, z. B. Apfel, Orange, Banane. Ein Kind dreht seinen Stuhl um, damit sich niemand darauf setzen kann, und geht in die Mitte. Dieses Kind ruft eine Obstsorte aus, z. B. Äpfel. Dann müssen alle Äpfel miteinander Plätze tauschen. Das Kind in der Mitte sucht sich einen freien Stuhl, so daß ein Kind in der Mitte übrigbleibt, eine neue Obstsorte ausruft etc. Kein Kind darf sich wieder auf den Stuhl setzen, auf dem es eben saß. Die Kinder dürfen aber auch nicht absichtlich in der Mitte bleiben. Wenn jemand „Obstkorb" ruft, müssen alle die Plätze tauschen.

Ballon-Spiel

Material: ein oder mehrere Ballons

Alle stehen schweigend im Kreis. Sie nehmen einen Ballon, zeigen, wie leicht er ist, und reichen ihn herum. Wenn er wieder zu Ihnen kommt, ist er plötzlich ganz schwer geworden, und Sie müssen sich bücken und anstrengen, um ihn überhaupt heben und weiterreichen zu können. Das Spiel wird so fortgeführt, und der Ballon nimmt immer wieder neue Eigenschaften an, z. B. wird er heiß, kalt, kostbar oder stinkt.

Imaginäre Objekte

Altersstufe: ab 2. Klasse

Alle stehen schweigend im Kreis. Sie fangen an, indem Sie ein imaginäres Objekt aus der Tasche nehmen, mit ihm spielen und dann an Ihren Nachbarn weitergeben. Das Objekt bzw. die Substanz verwandelt sich bei jedem Kind in etwas anderes, z. B. einen Ball, eine Pizza, einen Hund, ein Buch. Hinterher können die einzelnen sagen, welches Objekt sie sich vorgestellt hatten.

Farbenspiel

Alle stehen durcheinander im Raum. Nennen Sie nacheinander verschiedene Farben oder Kleidungsstücke. Alle Kinder sollen gleichzeitig bei einem anderen Kind die genannte Farbe oder das genannte Kleidungsstück anfassen. Weisen Sie vor Beginn des Spiels darauf hin, daß niemand verletzt werden darf. Wenn jemand trotzdem verletzt wird oder wenn die Stimmung gereizt ist, sollten Sie das Spiel sofort abbrechen. Das Spiel soll nicht in Klassen durchgeführt werden, in denen einzelne Körperkontakt scheuen.

Abgewandelt nach: Prutzman u. a., 1988, S. 24

Gewitter

Das Spiel sollte möglichst zum Abschluß der Stunde durchgeführt werden.

Die Klasse steht im Kreis, Sie stehen in der Mitte. Wichtig ist, daß während des Spiels überhaupt nicht gesprochen oder gekichert wird – sonst klappt es nicht. Machen Sie einen Probelauf, indem Sie vor jemandem stehen, eine Bewegung machen (z. B. klatschen), die jeweils von den Kindern nachgemacht wird, wenn Sie vor ihnen stehen und so lange, bis Sie wieder herumkommen und etwas Neues machen. Drehen Sie sich einmal klatschend, einmal schweigend im Kreis – das gibt ein Crescendo/Descrescendo. Wenn das Prinzip allen klar ist, können Sie die Kinder noch mal daran erinnern, daß nichts gesagt werden darf.

Dann fängt das eigentliche Spiel an, und zwar werden folgende Bewegungen bzw. Geräusche nacheinander für jeweils eine Runde gemacht: Hände reiben, Finger schnipsen, mit beiden Händen auf die Oberschenkel klatschen und dazu mit den Füßen stampfen, wieder mit beiden Händen auf die Oberschenkel klatschen, wieder Finger schnipsen, wieder Hände reiben, gar nichts tun. Dabei ist es wichtig, den Kindern in die Augen zu sehen.

Abgewandelt nach: Prutzman u. a., 1988, S. 33

Methoden der Paar- und Kleingruppenbildung

Kinder, die sonst nicht viel miteinander zu tun haben, sollen zusammenkommen und gemeinsam eine Aufgabe erfüllen. Es folgt also immer ein Spiel bzw. eine Aufgabe, z. B. „Die drei Musketiere" (s. S. 46).

Unsere Erfahrung war, daß Kinder aufgrund der hier vorgestellten Spiele eher bereit waren, sich auf eine Zusammenarbeit einzulassen. Wenn sie sich absolut weigerten, erzwangen wir allerdings die Kooperation nicht, sondern ließen sie tauschen. Eine Aufteilung nach diesen Methoden ist aber nicht immer sinnvoll: Wenn die darauf folgende Übung Vertrauen verlangt, sollten sich die Kinder selbst ihre Partnerin aussuchen können.

Loskärtchen

Altersstufe: 1. bis 3. Klasse

Material: für jedes Kind ein zusammengefaltetes Kärtchen, auf dem ein Tier genannt ist; jedes Tier kommt – je nach anschließender Aufgabe – zwei- oder dreimal vor

Die Gruppe sitzt im Kreis. Verteilen Sie die Loskärtchen. Fordern Sie die Kinder auf, zunächst sitzenzubleiben und nicht zu verraten, welches Tier sie gezogen haben. Wenn alle ein Kärtchen haben, gehen die Kinder gleichzeitig in den Kreis, machen die Geräusche und Bewegungen ihres Tieres nach und finden so ihre Partnerin. Sammeln Sie die Kärtchen wieder ein und erklären Sie die Aufgabe, die nun zu zweit oder zu dritt erfüllt werden soll.

Variation: Statt Tierangaben stehen auf den Kärtchen Bewegungsaufgaben (z. B. winken, die Nase kratzen, den Kopf schütteln), die jeweils zwei oder drei Kinder gleich ausführen sollen.

Abgewandelt nach: Hielscher, 1984, S. 35 f.

Filmdöschen mit Lebensmitteln oder anderen Gegenständen

Material: So viele Filmdöschen, wie Kinder in der Klasse sind, gefüllt mit verschiedenen haltbaren Lebensmitteln (Reis, Popcorn, Rosinen, Nüssen) oder anderen kleinen Gegenständen (Büroklammern, Pfennigen) – jeweils zwei oder drei mit dem gleichen Inhalt. (Die Filmdöschen bekommt man übrigens umsonst in Fotoläden, meist gleich zu Dutzenden.)

Für die 1. und 2. Klasse sollten durchsichtige Döschen genommen werden; die Kinder finden sich, indem sie gucken, wer den gleichen Inhalt hat wie sie. Der nächste Schwierigkeitsgrad sind durchsichtige Döschen, die zunächst nur geschüttelt werden, d. h. die Kinder finden sich aufgrund der gleichen Geräusche – dazu ist Ruhe im Raum unbedingt notwendig! Etwa ab der dritten Klasse werden die schwarzen Döschen genommen, und es geht nur um Geräuschfindung. Die Kinder dürfen während der Übung nicht sprechen.

Variation: In schwarze Döschen können frische Lebensmittel gefüllt werden. Die Kinder finden sich anhand der Gerüche.

Abgewandelt nach einer Idee, die Hans Hielscher in einem Workshop vermittelte

4.2 Förderung des Selbstwertgefühls

Förderung des Selbstwertgefühls im Klassenzimmer: Wie soll das überhaupt gehen in einer Gruppe bunt zusammengewürfelter Schülerpersönlichkeiten, jede mit eigenen Stärken, Schwächen und Bedürfnissen? Obwohl das Selbstwertgefühl durch die familiäre Sozialisation und die Erfahrungen im Kindergarten schon beim Schuleintritt weitgehend geprägt ist, kann man durch die Art des Umgangs miteinander im Klassenraum einiges beeinflussen.

Durch die Spiele und Übungen dieses Themenbereichs sollen die Kinder *ihren eigenen Wert als Individuen* und *den Wert anderer* erfahren. Das heißt, sie lernen, Anerkennung – unabhängig von schulischen Leistungen – zu geben und anzunehmen. Das kann besonders für Leistungsschwache wichtig sein. Die individuellen Lernerfahrungen sind dabei unterschiedlich: Manche müssen lernen, sich in der Gruppe zurückzuhalten, andere, sich überhaupt erst frei zu äußern.

Dabei kann es mehrere Probleme geben. Eine Lehrerin beklagte sich, daß die Kinder zu sehr auf sich bezogen seien und Raum zur Selbstdarstellung suchten. Besonders bei Jungen haben wir häufig erlebt, daß sie zwar gerne die Gelegenheit ergriffen, sich selber vor der Gruppe darzustellen, nicht aber die Geduld hatten, den Ausführungen anderer – vor allem denen der Mädchen – aufmerksam zu folgen (s. hierzu Schnack/Neutzling 1991).

Ein weiteres Problem ist, daß die meisten Übungen gewisse *sprachliche Ausdrucksfähigkeiten* voraussetzen. Wenn es darum geht, sprachlich wenig begabte oder ausländische Kinder zu integrieren, die sich im Deutschen noch nicht adäquat ausdrücken können, müssen die Übungen unter Umständen verändert werden. Die Spiele und Übungen dürfen keinesfalls zu einer (weiteren) Ausgrenzung führen.

Natürlich kann die fehlende Bestätigung, die ein Kind zu Hause erfährt, nicht durch einige Spiel- und Übungsstunden ersetzt werden. In diesem Sinne ist die Wirkung der Spiele und Übungen sicherlich begrenzt. Es kommt darauf an, auch im sonstigen Unterricht regelmäßig die Gelegenheit zu geben, sich in der Gruppe darzustellen und von den anderen Anerkennung zu bekommen. Der Unterschied zwischen „zu den eigenen Stärken stehen" und „Angeben" sollte deutlich gemacht werden. Problematisiert werden sollten außerdem Verhaltensweisen der Kinder untereinander, die das Gegenteil von Bestätigung vermitteln, z. B. Ausschluß aus der Gruppe, was gerade unter Mädchen typisch ist.

Die Bestätigung von sich selbst und anderen steht in engem Zusammenhang mit der *Kommunikationsfähigkeit* der Kinder. Wer nicht in der Lage ist, andere überhaupt wahrzunehmen, wird sie auch schlecht bestätigen können. In manchen Fällen wird es deshalb sinnvoll sein, die Übungen in diesem Kapitel mit denen zum Thema „Kommunikation" (da besonders aus dem Bereich „Gefühle") abzustimmen.

Jede Lehrerin sollte bedenken, daß ihr eigenes Verhalten dazu beiträgt, das Selbstbild der Kinder und das Bild, das sich ein Kind von seinen Mitschülerinnen macht, auf- bzw. abzubauen. Die Lehrerin dient den Schülerinnen und Schülern als *Vorbild.* Es ist beispielsweise unglaubwürdig, den Kindern vermitteln zu wollen, sie seien alle wertvolle Persönlichkeiten, wenn sie einzelne immer wieder vor den anderen bloßstellt.

Schülerinnen und Schüler werden durch folgende Verhaltensweisen bestätigt:

● gute Noten erteilen,

- verbal und schriftlich loben und ermutigen, z.B. öffentliches Lob für positive Verhaltensänderungen, schriftliche Bewertung, Stellungnahme auf den Hausarbeiten,

- persönliche Kritik einzeln statt vor der Gruppe äußern (wenn die Art des Konflikts kein Gruppengespräch erfordert),

- die Kinder als Persönlichkeiten akzeptieren, annehmen und ermutigen,

- Vertrauen zeigen, z.B. durch das Übertragen von Verantwortung oder durch das Gewähren von Freiheiten,

- körperliche Zuwendung geben: Blickkontakt, Lächeln, Nicken, geräuschlos in die Hände klatschen; bei kleinen Kindern behutsamer Körperkontakt: auf die Schulter klopfen, Arm um die Schulter legen,

- außerhalb der Schule grüßen,

- sich Zeit nehmen zum Zuhören,

- zeigen, daß man sie mag,

- ihnen Erfolgserlebnisse schaffen,

- ihnen zugestehen, daß sie etwas nicht können,

- offen sein für die Interessen und Bedürfnisse der Kinder: ihnen Gelegenheit bieten, Wünsche zu äußern, Klassengespräche zu führen, nach dem Klingeln weiterzureden; im Gespräch die positiven Seiten aufzeigen, ihre Probleme ernst nehmen, ihre Ideen anerkennen, Gedanken von einzelnen aufgreifen und darauf Bezug nehmen, die Ergebnisse ihrer Arbeit in den Unterrichtsprozeß einbeziehen; Gelegenheit bieten, daß sie ihre Besonderheiten zum Ausdruck bringen können, etwas vorführen lassen, einem Kind die Gesprächsführung übertragen, eingehen auf Themen, die sie gerade brennend interessieren – auch wenn sie mit der Schule nichts zu tun haben,

- eigene Schwächen zeigen,

- Spaß zusammen haben.

Lehrerinnen und Lehrer vermitteln durch folgende Verhaltensweisen das Gegenteil von Bestätigung:

- schlechte Noten geben, oberflächlich beurteilen, Notendruck, Leistung übergehen, zu schwere Fragen stellen,

- übertriebene Kritik äußern, die Schwächeren mit den Stärkeren vergleichen, Rangfolge bzw. Wettbewerb betonen, Schülerinnen und Schüler überfordern, zeigen, daß einzelne dumm sind, keine Chance zur Leistung bieten, Unfähigkeit unterstellen, schlechte Schüler nach hinten setzen,

- sich abwertend – verbal und nonverbal – äußern, etwa „Das kannst du ja doch nicht!", „Das ist typisch für dich!", „Du brauchst dich gar nicht zu melden!", aufstöhnen („Nicht schon wieder!"), auf vermeintliche Geschlechterrolle festlegen („Mädchen können sowieso nicht rechnen!"), auslachen, Gesicht verziehen, Kopf schütteln, bedenkliche Miene aufsetzen,

- schon bei Kleinigkeiten bestrafen, meckern, drohen, anschreien, schimpfen, seufzen, nörgeln, ironische Bemerkungen („Das hast du wieder ganz toll gemacht!"), in die Ecke oder aus dem Raum schicken, ausgrenzen aus der Gruppe,

- offizielle Maßnahmen ergreifen wie Nachsitzen, Sonderaufgaben, Tadel, Eintragung, Brief nach Hause, die Eltern und die Schulleitung einschalten,

- Ängste ausnutzen, Vertrauen mißbrauchen, kalt und emotionslos reagieren,

- einzelne vor der Klasse blamieren und bloßstellen,

- sich keine Zeit nehmen für die Kinder, kurz angebunden sein,

- den Schülerinnen und Schülern nichts zutrauen, sie nicht zu Wort kommen lassen, ignorieren, übersehen, links liegen lassen, mißachten,

- Schüler bewußt kränken, um ihnen eine Lektion zu erteilen,

- das Verhältnis zu den Kindern personalisieren, etwa „Du hast mich jetzt ganz traurig gemacht", Enttäuschung zeigen,

- stur den Unterricht durchziehen und dabei die Kinder nicht sehen, Entscheidungen aufzwängen und nicht durchschaubar machen,

- nur die eigenen Argumente gelten lassen, keine Kompromisse eingehen, selber keine Schwächen eingestehen.

Ganz besonders wichtig ist es, sich zu fragen, inwieweit man selber Mädchen und Jungen bewußt oder unbewußt unterschiedlich bestätigt (s. auch Kap. 4.5 „Geschlechtsbezogene Interaktion").

Die Übungen und Spiele zur Förderung des Selbstwertgefühls sind hier nach folgenden inhaltlichen Schwerpunkten geordnet:

- Selbstbestätigung und Identitätsentwicklung

- Bestätigung von anderen.

Fragen zur Einschätzung der Situation in der Klasse in bezug auf Bestätigung:

Zum Selbstwertgefühl der Kinder

1. Welche Kinder haben besondere Probleme mit dem Selbstwertgefühl? Wie äußert sich das im Unterricht oder in den Pausen? Wie geht es Ihnen dabei? Wie gehen Sie damit um? Wie könnten Sie diese Kinder unterstützen?

2. Wie erkennen Sie die (deutschen und ausländischen) Mädchen in Ihrer Klasse an? Wofür werden sie gelobt oder getadelt? Welche Aufgaben übertragen Sie ihnen? In welchen Bereichen brauchen sie eine besondere Ermutigung? Wie könnten Sie ihnen diese geben?

3. Wie erkennen Sie die (deutschen und ausländischen) Jungen in Ihrer Klasse an? Wofür werden sie gelobt oder getadelt? Welche Aufgaben übertragen Sie ihnen? In welchen Bereichen brauchen sie eine besondere Ermutigung? Wie könnten Sie ihnen diese geben?

4. Welche Verhaltensweisen haben die Kinder untereinander, um zu zeigen, daß sie besser sind als andere bzw. daß andere „nicht in Ordnung" sind? Wann greifen Sie ein? Wie könnten Sie aggressives Verhalten unterbinden und die Angegriffenen unterstützen?

Zum Selbstwertgefühl der Lehrerin

Wie sieht es mit Ihrem eigenen Selbstwertgefühl in bezug auf Ihre schulischen Aufgaben aus? Was machen Sie gut, bzw. wo sind Sie sicher? Welche Folgen hat das für den Unterricht? Wo haben Sie noch Schwierigkeiten mit Ihrer Rolle oder Ihren Aufgaben? Welche Folgen hat das für den Unterricht? Welche Unterstützung brauchen Sie? Wer könnte Ihnen diese geben?

Selbstbestätigung und Identitätsentwicklung

Hier erhalten Kinder die Gelegenheit, das Positive an sich selbst und an anderen wahrzunehmen und zu akzeptieren.

Wie schon erwähnt, ist es sehr wichtig, daß die Kinder sich nicht über andere lustig machen dürfen. Gerade weil die Selbstdarstellung Mädchen in der Regel schwerer fällt als Jungen, sollten Sie darauf achten, daß die folgenden Spiele und Übungen nicht ihr Ziel verfehlen, indem sie das Klischeebild „selbstbewußter Junge/zurückhaltendes Mädchen" bestätigen statt herausfordern. Die Jungen dürfen die Übungen nicht ausnutzen, um ihre Selbstunsicherheit zu verstecken oder um ihre Nichtachtung der Mädchen zu demonstrieren. Die

Spiele müssen in einer Atmosphäre der gegenseitigen Achtung durchgeführt werden. Die Ergebnisse hängen vom Alter und von der Offenheit der Kinder sowie von der Intensität der Übungen ab.

Pantomime: Etwas, was ich gerne mache ...

Die Klasse sitzt im Kreis. Wer Lust hat, geht in die Mitte und führt pantomimisch etwas vor, was sie gerne macht, z. B. Fahrrad fahren, Computerspiele machen. Die anderen müssen raten, was das ist.

Ratespiel: Wer bin ich? *(Dauer ca. 45 Min.)*

Altersstufe: 3. bis 4. Klasse

Material: Stift und Papier für jeden

Jedes Kind schreibt verschiedene Merkmale/Eigenschaften/Interessen (nur ganz individuelle Äußerlichkeiten, z. B. „Ich trage gerne lila", aber nicht „Ich habe rote Socken an") von sich auf ein Blatt, faltet es zusammen und gibt es Ihnen. Lesen Sie entweder anschließend oder zu Beginn der nächsten Spielstunde die Zettel nach und nach vor. Die anderen Kinder raten, um wen es sich handelt.

Variationen: Schreibschwache Kinder können Sie einzeln interviewen und die Aussagen aufschreiben. Die Kinder können sich auch selbst malen.

Ein Ort, an dem ich mich wohl fühle *(Dauer ca. 30-45 Min.)*

Material: Blätter und Buntstifte zum Zeichnen

Erklären Sie der Klasse, daß alle in dieser Stunde ein Bild zeichnen sollen von einem Ort, an dem sie sich wohl fühlen. Es kann das eigene Zimmer sein, das Haus der Oma, die Schule oder auch ein Phantasieort. Betonen Sie, daß es sich nicht um eine Kunststunde handelt. Es geht nicht darum, ein perfektes Bild zu malen, sondern etwas über sich selbst auszusagen. Wenn alle fertig sind (wie lange das dauert, hängt von der Klasse ab), kommen die Kinder im Stuhlkreis zusammen und zeigen bzw. erklären ihre Bilder, z. B.: Wo ist das? Wie sieht es dort aus? Oder: Wie stelle ich mir das vor? Wann bzw. warum fühle ich mich dort besonders wohl? Bin ich dort alleine oder mit anderen zusammen? Die Bilder werden anschließend aufgehängt oder abgeheftet.

Variationen: Die Bilder werden ohne Signatur in die Mitte des Stuhlkreises gelegt oder an die Wand gehängt. Die Kinder betrachten die einzelnen Bilder in Ruhe und überlegen, welches Bild von wem stammen könnte und warum. Die Betreffenden erklären dann ihre Bilder.

Diese Übung habe ich durch Joyce Davison (Children's Creative Response to Conflict) kennengelernt.

Weitere Selbstdarstellungsspiele

Es können weitere Bilder gemalt werden, z. B. zum Lieblingsspielzeug, zum Aussehen, zur Wohnsituation usw., die zusammen ein „Ich-Buch" ergeben. Außerdem kann man

- Anstecker selber machen (eine Button-Maschine kann man tageweise mieten),

- T-Shirts selber bemalen, z. B. mit Namen, mit einem Bild von etwas, was das Kind gerne macht, und mit einem positiven Wort, das es beschreibt,

- Babyfotos mitbringen lassen und ausstellen,

- eine Karte von der Schulumgebung an die Wand hängen und aufzeichnen, wo jede Schülerin wohnt.

Bestätigung von anderen

Die Kinder lernen, das Selbstwertgefühl von anderen zu bestätigen.

Heinzelmännchen

Material: Stift und Zettel für jeden, Liste der „Heinzelmännchen"

Jedes Kind schreibt den eigenen Namen auf einen Zettel und faltet ihn zusammen. Mischen Sie die Zettel in einem Behälter und verteilen Sie sie neu, wobei niemand sich selber ziehen darf, noch verraten darf, wen er gezogen hat.

Jetzt erklären Sie das Spiel: Für das Kind, das man gezogen hat, ist man das „Heinzelmännchen". Das bedeutet, daß man innerhalb eines bestimmten Zeitraumes, z. B. einer Woche, für dieses Kind etwas Nettes machen muß, ohne besonders aufzufallen. Wer Heinzelmännchen für wen war, wird erst später verraten. Bedingung ist, daß die Sache nichts kostet. Es sollte gleich gemeinsam überlegt werden, was das sein könnte, z. B. etwas selber basteln, jemandem bei den Hausaufgaben helfen, jemandem den Platz aufräumen oder den Stuhl hochstellen.

Da viele jüngere Kinder die Aufgabe zwischendurch vergessen, sollten Sie in den nächsten Tagen immer wieder in der Klasse nachfragen, wer schon etwas von seinem Heinzelmännchen gemerkt hat und wer das vermutete Heinzelmännchen ist. Einzelne Kinder, die Schwierigkeiten haben, sich etwas auszudenken, brauchen Unterstützung.

Das Spiel eignet sich gut für die Klassenreise.

Erfahrungen: Bei dieser Übung ist es wichtig, daß für alle tatsächlich etwas gemacht wird. Wenn Sie Glück haben, entsteht so ein Eifer, Gutes zu tun, daß die Kinder sich auch bei anderen anstrengen, nette Sachen zu tun, um als

Heinzelmännchen nicht aufzufallen. Ein Problem ist, wenn jemand die ausgeloste Mitschülerin nicht leiden kann und sich weigert, etwas für sie zu tun.

Dieses Spiel habe ich durch Anita St. Claire kennengelernt.

Ich mag dich, weil ... *(Dauer ca. 45 Min.)*

Das Spiel sollte nur mit Klassen gespielt werden, die gut im Kreis arbeiten können und eine relativ positive Gruppenatmosphäre haben.

Die Kinder sitzen im Kreis. Wer Lust hat, geht in die Mitte und setzt sich hin. Wer von den anderen Kindern will, sagt, was sie an dieser Person mag, z. B. „Ich mag dein Lachen" oder „Ich mag an dir, daß du immer bereit bist, anderen zu helfen". Wichtig ist, daß sich die Kinder zu Eigenschaften und Fähigkeiten ihrer Mitschülerinnen äußern und nicht zu Äußerlichkeiten. Die Teilnahme an dieser Übung ist absolut freiwillig.

Variation: Führen Sie die Übung für Geburtstagskinder durch.

Mir gefällt an der Schule ... *(Dauer ca. 20 Min.)*

Altersstufe: 3. bis 4. Klasse

Material: Wandzeitungen, dicke Stifte

Die Klasse sitzt im Kreis. Die Sätze „Mir gefällt an der Schule ..." und „Mir gefällt an der Schule nicht ..." werden von der ganzen Klasse im Brainstormingverfahren zu Ende gedacht. Schreiben Sie die Antworten auf eine Wandzeitung, die alle gut sehen können.

Bei der anschließenden Diskussion überlegt die Klasse, wo sich etwas ändern läßt (z. B. Umgestaltung des Klassenraums), wie, wann und von wem das gemacht werden kann.

4.3 Kommunikation

Mißverständnisse, Mißtrauen und fehlende Kommunikation lösen häufig Ärger und Konflikte aus. *Effektive Kommunikation* ist eine wichtige Grundlage für gewaltfreie Konfliktaustragung. Durch effektive Kommunikation können aus Konflikten positive Lernerfahrungen werden. Das setzt allerdings die Bereitschaft voraus, sich mit den eigenen Wertvorstellungen, Wahrnehmungen, vorgefaßten Meinungen und dem eigenen Kommunikationsstil auseinanderzusetzen. Man muß auch zulassen können, daß andere anders bewerten, wahrnehmen, denken, sich anders mitteilen.

Ein Konflikt kann nur gewaltfrei ausgetragen werden, wenn:

- die Streitparteien über ausreichende Informationen verfügen,

- alle Beteiligten den Konflikt, d. h. auch die Sichtweise der anderen Seite verstehen oder zumindest akzeptieren,

- die Streitparteien in der Lage sind, ihre Anliegen, Gefühle und Wünsche zum Ausdruck zu bringen,

- die Streitparteien in der Lage sind, auf die Anliegen, Gefühle und Wünsche der anderen Seite einzugehen.

In diesem Kapitel wird aufgezeigt, wie diese Fähigkeiten im Rahmen der Schule vermittelt bzw. gemeinsam erarbeitet werden können.

Die hier vorgestellten Übungen und Spiele bauen inhaltlich und methodisch auf den ersten drei Themenbereichen auf, insbesondere auf dem Themenbereich „Förderung des Selbstwertgefühls". Zwischen Selbstwertgefühl und Kommunikation besteht eine Wechselwirkung. Effektive Kommunikation kann in einer Atmosphäre der gegenseitigen Akzeptanz besser vermittelt und gelernt werden als in einer feindseligen oder konkurrenzbeladenen Atmosphäre. Kinder und Erwachsene, die über ein gesundes Selbstbewußtsein verfügen und meist ausgeglichen sind, werden eher bereit und in der Lage sein, sich mit Wertvorstellungen, Wahrnehmungen, Annahmen und Sichtweisen, die von ihren eigenen abweichen, konstruktiv auseinanderzusetzen und andere Kommunikationsstile als ihren eigenen zu akzeptieren. Andererseits tragen die Fähigkeit, sich mitzuteilen und auf andere einzugehen, und die Fähigkeit, mit Widersprüchen bei sich selbst und anderen umzugehen, zur Entwicklung eines gesunden Selbstbewußtseins bei.

Obwohl Kommunikation eine entscheidende Rolle in der Schule spielt und sogar einen Unterrichtsgegenstand bildet, wird sie eher selten direkt thematisiert. Das eigentliche Lehren nimmt häufig die Form der „Einweg-Kommunikation" an, d. h., die Lehrerin erteilt Informationen, die von den Kindern aufgenommen werden (sollen). Unterrichtsgespräche sind zwar auf eine Interaktion zwischen Schüler- und Lehrerseite aufgebaut, aber meist werden Fragen gestellt, die auf Sachbezug orientiert sind (für die es nur eine richtige Antwort gibt), nicht auf Beziehungsaspekte. Dadurch werden kaum expressive oder kreative Sprachfunktionen gefördert. Nicht traditionelle Unterrichtsformen, sondern Binnendifferenzierung, entdeckendes Lernen und Gruppenunterricht schaffen Möglichkeiten, Interaktionsprozesse zwischen den Kindern zu fördern und zu thematisieren.

Kommunikation findet aber nicht nur zwischen Lehrerinnen und Schülerinnen oder im Unterricht statt. Wie kommunizieren Kinder im informellen Schulalltag miteinander? Vielen Lehrerinnen sind die schroffen Umgangsformen und der barsche Ton, die z. T. in Schulen und Klassen vorherrschen, fremd.

Die *geschlechtsspezifische Sozialisation* spielt bei der Kommunikation eine entscheidende Rolle. *Mädchen* werden in der Schule meistens als kommunikativer und einsichtiger erlebt als Jungen; sie sind eher in der Lage, ihre Gefühle zu äußern und auf andere einzugehen. Lehrerinnen bauen ihren Unterricht häufig – bewußt oder unbewußt – auf die kommunikativen Fähigkeiten der Mädchen auf, ohne diese aber ausdrücklich als soziale und interaktionelle Leistung anzuerkennen. Trotz ihrer vorhandenen kommunikativen Fähigkeiten haben viele Mädchen Schwierigkeiten, sich bei Auseinandersetzungen mit Jungen zu behaupten.

Jungen dagegen sind meistens in der Lage, Gefühle wie Wut, Mut und Stärke auszudrücken, haben aber oft Schwierigkeiten, Fehler einzugestehen, Schwäche wahrzunehmen und zu zeigen und Zuneigung ohne Aggression (z. B. Mädchen gegenüber) auszudrücken. Allerdings verbergen sich hinter den Stärkegebärden der Jungen häufig ihre Selbstzweifel.

Die Übungen und Spiele zur Förderung der Kommunikationsfähigkeit sind hier nach vier inhaltlichen Schwerpunkten geordnet:

- Beobachten und wahrnehmen
- Sich verbal und nonverbal ausdrücken
- Zuhören und sich mitteilen
- Gefühle wahrnehmen, mit Gefühlen umgehen

Fragen zur Einschätzung der Situation in der Klasse in bezug auf Kommunikation:

Kommunikation zwischen Lehrerin und Kindern

1. Wie ist das Verhältnis zwischen Ihnen und der Klasse? Verläuft die Kommunikation zwischen Ihnen und den Kindern eher „eingleisig" oder „zweigleisig"? Wovon hängt das ab?

2. Wie gehen Sie mit dem Mitteilungsdrang oder gegebenenfalls der Verschlossenheit der Kinder um?

3. Inwieweit schaffen Sie Gelegenheiten, mit den Kindern über Themen zu sprechen, die nicht unmittelbar mit dem Unterricht zusammenhängen? Wie wirken sich solche Diskussionen auf das Klassenklima aus?

4. Wie teilen Sie Ihre Wünsche, Bedürfnisse und Kritik (ausländischen und deutschen) Mädchen mit? Wie gehen Sie auf die von Mädchen geäußerten Wünsche und Bedürfnisse, wie gehen Sie auf Kritik ein?

5. Wie teilen Sie Ihre Wünsche, Bedürfnisse und Kritik (ausländischen und deutschen) Jungen mit? Wie gehen Sie auf die von Jungen geäußerten Wünsche und Bedürfnisse, wie gehen Sie auf Kritik ein?

6. Wie würden Sie die kommunikativ-integrativen Leistungen der Mädchen und Jungen in der Klasse beschreiben? Inwieweit erkennen Sie diese Leistungen an?

7. Sind Sie mit Ihrem Kommunikationsverhalten den Schülerinnen und Schülern gegenüber zufrieden? Wenn nicht, was möchten Sie daran ändern? Wie können Sie auf diese Änderungen hinarbeiten?

Kommunikation unter Schülerinnen und Schülern

1. Wie teilen sich die Kinder untereinander mit? Welcher Umgangston herrscht? Welche Begrüßungsrituale gibt es? Wie reden die Kinder sich an, z. B. mit (spielerischen oder beleidigenden) Spitznamen, mit Vornamen, mit Nachnamen?

2. Wie verläuft die Kommunikation innerhalb der Mädchengruppe? Worüber reden (ausländische und deutsche) Mädchen? Wie teilen sie sich Sympathie und Anerkennung, Antipathie und Geringschätzung mit? Wie werden Nähe und Distanz ausgedrückt und wahrgenommen? Gibt es bestimmte Mädchen, die die Gruppe dominieren, „den Ton angeben"? Leiden andere darunter? Welche Emotionen und Körperhaltungen spielen bei den Beziehungen der Mädchen untereinander eine Rolle? Wie wirken sich diese auf das Klassenklima aus?

3. Wie verläuft die Kommunikation innerhalb der Jungengruppe? (Weitere Fragen entsprechend wie unter 2.)

4. Wie verläuft die Kommunikation zwischen Mädchen und Jungen? (Weitere Fragen entsprechend wie unter 2.)

5. Falls sich das Kommunikationsverhalten der Mädchen oder Jungen negativ auf das Klassenklima auswirkt: Wie möchten Sie das Verhalten der (ausländischen und deutschen) Mädchen bzw. Jungen ändern? Welche Schritte könnten Sie in diese Richtung unternehmen?

Kommunikation im Kollegium, Kommunikation zwischen Kollegium und Schulleitung

1. Wie offen verläuft die Kommunikation der Kolleginnen und Kollegen untereinander? Gibt es eine feste Sitzordnung im Lehrerzimmer? Wenn ja, wovon hängt sie ab (Sympathie, Gewohnheit, Raucher/Nichtraucher, Klassenstufe …)? Wird dadurch Kommunikation gefördert oder behindert? Welche Auswirkungen hat die „Cliquenbildung" auf das Klima im Kollegium? Welche Rolle spielen beispielsweise Freundschaften, welche Rolle spielt das Geschlecht?

2. Wie teilen Sie sich Ihren Kolleginnen und Kollegen mit? Wie bringen Sie Zustimmung (Lob), Forderungen und Kritik zum Ausdruck, und wie wird darauf eingegangen? Wie gehen Sie mit Zustimmung (Lob), Forderungen und Kritik von Ihren Kolleginnen und Kollegen um? Gibt es Kolleginnen und Kollegen, die Ihnen unsympathisch sind? Wie gehen Sie damit um? Wie wirkt sich die Antipathie auf die Zusammenarbeit aus?

3. Wie ist Ihre eigene Stellung im Kollegium? Bei wem können Sie Unterstützung holen? Wem geben Sie Unterstützung?

4. Wie offen verläuft die Kommunikation zwischen der Schulleitung und dem Kollegium? Werden Entscheidungen eher hierarchisch („von oben herab") oder eher kooperativ getroffen? Welche Rolle spielt dabei das Geschlecht der Schulleiterin/des Schulleiters? Wie wirkt sich die räumliche Nähe/Distanz zwischen dem Büro der Rektorin und dem Lehrerzimmer auf das Kollegium aus? Wie ist das Verhältnis des Kollegiums und der Schulleitung zur Schulsekretärin und zum Hausmeister?

5. Inwieweit wirkt sich das Klima im Kollegium auf die Atmosphäre der Schule und auf die Beziehungen zu den Kindern aus? Wie könnte die Kommunikation innerhalb des Kollegiums und zwischen dem Kollegium und der Schulleitung verbessert werden?

Kommunikation mit Eltern

1. Wie verläuft die Kommunikation zwischen Ihnen und den Eltern der Kinder in Ihrer Klasse? Welche Eltern nehmen aktiv an Elternabenden teil und welche sind passiv oder erscheinen überhaupt nicht? Was könnten Sie machen, um die unbeteiligten Eltern zur Teilnahme an schulischen Veranstaltungen zu motivieren?

2. Inwieweit nehmen die Eltern am Leben der Schulklasse teil? Haben Sie die Gelegenheit bzw. nehmen Sie sie wahr, sich mit den Eltern auch informell zu treffen? Kommunizieren Sie mit den Eltern „schwieriger Kinder" nur, wenn es Probleme gibt, oder besteht eine positive Kommunikation zwischen Ihnen?

Beobachten und wahrnehmen

Die Kinder sollen ihr Beobachtungs- und Aufmerksamkeitsvermögen schulen. Ihnen soll verdeutlicht werden, daß viele Kommunikationsschwierigkeiten aus unterschiedlicher Wahrnehmung und Interpretation von Aussagen und Handlungen resultieren.

Die folgenden Übungen sind unterschiedlich anspruchsvoll; manche sollen sensibilisieren, andere Fähigkeiten einüben. Die Lernerfahrung mit der gleichen Übung kann je nach Alter und Entwicklungsstufe der Kinder sehr unterschiedlich sein.

Lauschen

Die Gruppe sitzt schweigend im Kreis. Die Kinder schließen die Augen und konzentrieren sich zunächst auf die Geräusche außerhalb des Raumes. Fragen Sie nach ein bis zwei Minuten, was die einzelnen gehört haben. Dann schließen die Kinder wieder die Augen und konzentrieren sich dieses Mal auf die Geräusche innerhalb des Raumes. Fragen Sie wiederum nach ein bis zwei Minuten nach diesen Geräuschen.

Welche ist deine Kartoffel?

Spielidee: Alltagsgegenstände visuell und taktil wahrnehmen

Material: so viele Kartoffeln wie Kinder

Die Klasse sitzt im Kreis, am besten auf dem Boden. Jedes Kind bekommt eine Kartoffel und hat ein paar Minuten, sich mit ihr vertraut zu machen. Sammeln Sie dann die Kartoffeln wieder ein, mischen Sie sie durcheinander und legen Sie sie in die Mitte. Jedes Kind muß seine eigene Kartoffel aussuchen. (Es versteht sich von selbst, daß die Kinder die Kartoffeln nicht markieren dürfen.)

Auswertung: Besprechen Sie anschließend mit den Kindern, wie sich eine Kartoffel von der anderen unterscheidet: War es schwer, die eigene Kartoffel wiederzufinden? Hat euch das überrascht?

Variation: Die Kinder müssen mit zugebundenen Augen ihre Kartoffeln finden.

Abgewandelt nach: Prutzman u. a., 1988, S. 40

Wie mache ich ein Käsebrötchen?

Spielidee: eigene Aussagen mehrdeutig wahrnehmen

Material: ein Brötchen, ein Messer, ein großes Stück Käse, Margarine oder Butter

Bauen Sie die Materialien auf einem Tisch auf, sichtbar für alle. Erklären Sie: „Stellt euch vor, ich bin ein Marsmensch. Ich bin gerade auf der Erde angekommen und habe eine lange Reise hinter mir. Ich habe einen tierischen Hunger und habe mir gerade die Sachen für ein Käsebrötchen gekauft, was man wohl hierzulande ißt. Nun habe ich aber das Problem, daß ich nicht weiß, wie man ein Käsebrötchen macht. Könnt ihr mir das erklären?"

Führen Sie alle Anweisungen ganz genau aus – nur möglichst anders, als sie gemeint sind. Zum Beispiel, wenn jemand sagt „Nimm das Messer in die Hand", fassen Sie es am falschen Ende an. Wenn gesagt wird „Schneide das Brötchen in zwei Teile", schneiden Sie ein kleines Stück vom Ende ab. Oder wenn es heißt „Streiche die Margarine auf das Brötchen", streichen Sie sie auf die falsche Seite.

Auswertung: Fragen Sie die Kinder: Warum habe ich euch falsch verstanden? – Ich bin doch immer genau euren Anweisungen gefolgt! Welche Mißverständnisse kennt ihr aus der Schule, von zu Hause? Wie sind sie ausgegangen?

Anweisungen folgen *(Dauer ca. 20 Min.)*

Altersstufe: 2. bis 4. Klasse

Vorbereitung: Aufgaben auflisten, dem Alter und den Räumlichkeiten entsprechend

Erklären Sie der Klasse, daß es bei dieser Übung darauf ankommt, genau aufzupassen und den gegebenen Anweisungen zu folgen bzw. darauf zu achten, daß andere dies tun. Nehmen Sie die vorbereitete Liste mit Anweisungen und fragen Sie, welche drei Kinder die Übung zuerst probieren möchten. Die anderen Kinder sollen aufpassen, ob diese den Anweisungen richtig folgen, dürfen aber nichts sagen. Nachdem die drei Kinder hintereinander die Anweisungen ausgeführt haben, fragen Sie, ob Fehler gemacht wurden, und lassen Sie die Fehler gegebenenfalls von den anderen Kindern korrigieren. Anschließend bekommt eine neue Gruppe neue Anweisungen usw.

Beispiele von Anweisungen: Geh zum Fenster – klopfe dreimal auf die Scheibe – drehe dich zweimal im Kreis – schüttele den Kopf – geh wieder zu deinem Platz.

Geh zur Tafel – schreibe deinen Namen auf die Tafel – stampfe zweimal mit dem Fuß auf – drehe dich im Kreis – geh wieder zu deinem Platz.

Geh zur Tür – mache sie viermal auf und zu – klopfe an die Tür – halte dir die Ohren zu – geh wieder an deinen Platz.

Geh zum Regal – nimm ein Buch heraus – lege es wieder hinein – klatsche dreimal mit den Händen – huste – geh wieder an deinen Platz.

Geh zur Lehrerin – schüttele ihr die Hand – dreh dich zur Klasse – sage „Guten Tag!" auf Deutsch und Türkisch – stampfe mit dem Fuß auf – geh wieder an deinen Platz.

Steh auf – drehe deinen Stuhl um – hüpfe dreimal auf einem Bein – sage laut „Hallo!" – schnipse mit den Fingern – setz dich wieder hin.

Geh zu einer Freundin oder einem Freund – sage etwas Nettes zu ihr oder ihm – nicke mit dem Kopf – schüttele ihr/ihm die Hand – geh wieder an deinen Platz.

Geh zum Lehrerpult – stelle eine Frage – schüttele den Kopf – hebe die Schulter hoch – geh wieder zu deinem Platz.

Stehe auf – verschränke deine Arme – geh drei Schritte rückwärts – fasse dich an den Kopf – setz dich wieder hin.

Dieses Spiel habe ich bei Children's Creative Response to Conflict (New York) kennengelernt.

Sich verbal und nonverbal ausdrücken

Hier geht es um die Wahrnehmung des eigenen Körpers sowie darum bewußtzumachen, wie sich Körperhaltung, Gesichtsausdruck und Stimmlage auf die Kommunikation auswirken. Die Kinder setzen sich mit nonverbalen Kommunikationsformen und mit dem Unterschied zwischen Inhalt und Form einer Aussage auseinander.

Rücken-Botschaften

Spielidee: für nonverbale Ausdrucksformen sensibilisieren

Die Klasse teilt sich in Paare auf. Ohne miteinander zu sprechen, zeichnen oder schreiben die Kinder sich gegenseitig Botschaften auf den Rücken und sollen raten, was gemeint ist.

Körpersprache *(Dauer ca. 30 Min.)*

Altersstufe: 2. bis 4. Klasse

Vorbereitung: die Haltungen vorher selber ausprobieren

Die Übung hat drei Teile, die entweder nacheinander oder über einige Stunden verteilt durchgeführt werden können. Bei allen Übungen sitzt die Gruppe im Stuhlkreis.

Teil 1: Führen Sie kurz den Begriff „Haltung" ein: Was ist Haltung, was vermittelt Haltung (z. B. Gefühle, Einstellungen)? Die Kinder sollen mehrere Haltungen nacheinander ausprobieren.

Anweisungen: Setzt euch mit hocherhobenem Kopf und geradem Rücken an den Stuhlrand – Lehnt euch in dem Stuhl weit zurück, Kopf hoch, Beine übereinandergeschlagen, Arme gefaltet – Lehnt euch in dem Stuhl weit zurück, laßt den Kopf hängen, das Kinn ruht auf der Hand – Steht auf, laßt Kopf und Schultern hängen, verschränkt die Arme hinter dem Rücken – Bleibt mit gesenktem Kopf stehen, kreuzt die Beine, Hände in die Taschen – Bleibt stehen, Kopf hoch, Schulter zurück, Füße etwas auseinander, Arme verschränkt – Bleibt stehen, Füße weit auseinander, Hände auf den Hüften.

Auswertung: Fragen Sie die Kinder jedesmal, wenn sie eine Haltung eingenommen haben:

- Welches Gefühl löst bei euch diese Haltung aus?

- Welchen Eindruck vermittelt sie auf andere?

- In welchen Situationen nehmt ihr diese Haltung ein?

- Ist diese Haltung eher für Mädchen oder für Jungen typisch?

Teil 2: Einzelne Kinder spielen die angegebenen Gefühle pantomimisch vor. Die anderen raten, welches Gefühl ausgedrückt werden soll.

Anweisungen (ins Ohr flüstern): Laufe müde durch den Raum – Laufe wütend durch den Raum – Laufe glücklich, traurig usw. durch den Raum

Auswertung: Fragen Sie die Kinder, warum Bewegungen und Gesichtsausdrücke manchmal unterschiedlich wahrgenommen werden.

Teil 3: Führen Sie den Begriff „Körpersprache" (Haltung, Mimik, Gestik) kurz ein: Was ist Körpersprache, was vermittelt Körpersprache (z. B. Gefühle)?

Bei der folgenden Übung zeigt jedes Kind durch die Körpersprache wort- und geräuschlos, wie es ihm in der angegebenen Situation gehen würde.

Anweisungen (für alle): Stell dir vor, du sitzt im Wartezimmer der Zahnärztin – du sitzt in einer Gruppe von Erwachsenen – du bist beim Fußballspiel, und deine Mannschaft hat gerade ein Tor geschossen ... die andere Mannschaft hat ein Tor geschossen – du schaust im Fernsehen eine aufregende Sendung (oder einen Gruselfilm) an – du wirst gleich selbst im Fernsehen auftreten.

Stell dir vor, ich sage: Die Pause dauert heute 10 Minuten länger als sonst – morgen schreibt ihr eine große Arbeit – ich mag dich – du gehst mir auf die Nerven.

Stell dir vor, du willst mir sagen: Ich weiß nicht – du hast mir weh getan – es ist mir egal – ich hau' dir gleich eine – es tut mir leid.

Auswertung: Fordern Sie die Kinder auf, in den nächsten Tagen auf ihre eigene Körpersprache und auf die ihrer Klassenkameradinnen und -kameraden besonders zu achten. Kann man dadurch sich selbst und andere besser einschätzen, Konflikte vermeiden oder mit Konflikten besser umgehen? Kommen Sie in den nächsten Tagen wieder auf das Thema zurück.

Abgewandelt nach: Cihak und Heron, 1980, S. 62 ff.

Wohin gehört der Kopf? *(Dauer ca. 20–30 Min.)*
Altersstufe: 1. bis 3. Klasse

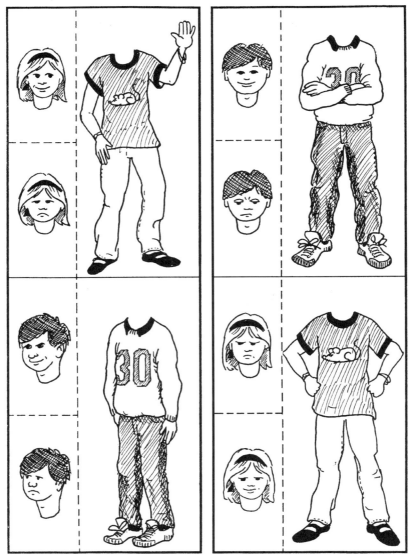

Spielidee: Gesichtsausdruck und Körpersprache bewußt machen

Material: ein Arbeitsblatt (s. S. 66) und ein leeres Blatt für jedes Kind, Scheren, Klebstoff

Sprechen Sie einleitend das Thema Körpersprache und Mimik an. Verteilen Sie dann an jedes Kind ein Arbeitsblatt mit der Aufgabe, den passenden Kopf auf den jeweiligen Körper aufzukleben und auf ein Extrablatt zu legen. Wenn den Kindern nicht klar ist, welcher Kopf zu welchem Körper paßt, sollten sie Haltungen und Ausdrücke selbst ausprobieren. Kinder der 2. und 3. Klasse können daneben schreiben, was das Kind auf dem Bild gerade fühlt oder denkt. Die Kinder vergleichen ihre Bilder und sprechen über ihre Ergebnisse.

Variation: Als Einleitung können Sie sich mit einem Kind vor die Klasse stellen, ihm ein Blatt vor das Gesicht halten und ihm ins Ohr flüstern, es solle mit dem Körper und dem Gesicht ein bestimmtes Gefühl (glücklich/traurig/ wütend) ausdrücken. Die anderen raten, welches Gefühl ausgedrückt wird bzw. wie das Gesicht aussieht.

Abgewandelt nach: Cihak und Heron, 1980, S. 74 ff.

Du spinnst wohl!

Spielidee: Unterschiedliche mündliche Ausdrucksweisen ausprobieren

Material: Kärtchen

Die Gruppe sitzt im Stuhlkreis. Geben Sie einer Schülerin ein Kärtchen mit einem Statement (z. B. Du spinnst wohl!) und fordern Sie sie auf, es der linken Nebenperson überzeugend mündlich vorzutragen. Das Statement macht dann die Runde, und nach jeder Runde gibt es ein neues Statement, das erstmals von einer anderen Person eingeführt wird.

Vorschläge für Aussagen: Das hast du toll gemacht! – Ich will dich nie wieder sehen! – Das stimmt doch überhaupt nicht! – Halt dich da 'raus – das geht dich nichts an! – Du bist unmöglich! – Geh weg – ich will dich jetzt nicht sehen! – Wenn ich das sage, dann meine ich das auch! – Hör auf – das stört mich! – Laß mich in Ruhe!

Variation: Die Kinder erfinden selber die Statements.

Erfahrungen: Eine Lehrerin wandte gegen diese Übung, bei der unterschiedliche Ausdrucksweisen ausprobiert werden, ein, hiermit würden negative Äußerungen bestärkt. Wenn diese Befürchtung besteht, sollte die Übung lieber nicht durchgeführt werden. Unsere Beobachtung war aber eher, daß die Übung den Schülern und besonders den Schülerinnen viel Spaß machte, weil sie verschiedene Stimmlagen und Ausdrucksweisen für die gleichen Aussagen ausprobieren konnten und weil sie als Nichtbetroffene ihren negativen Gefühlen Ausdruck verleihen durften.

Rollenspiel „Wie teile ich mich mit?"

Vorbereitung: die Aussagen (siehe unten) ausprobieren

Sagen Sie den Kindern, daß Sie mit einem Kind ein Rollenspiel vorspielen und sie aufpassen sollen, was passiert. Dann setzen Sie sich im Stuhlkreis zu einem Kind, das gut in die Klasse integriert ist und spontan auf die Fragen im Rollenspiel reagieren kann. Tragen Sie mit kurzen Unterbrechungen die Aussagen vor (sagen Sie immer vorher an, ob Sie gerade ein anderes Kind oder sich selbst spielen). Lassen Sie das mitspielende Kind antworten.

Aussagen:

Kind zu Kind: (mit aggressiver Stimme) Hast du schon wieder meinen Radiergummi genommen, ohne mich zu fragen? – (freundlich) Hast du irgendwo meinen Radiergummi gesehen?

Lehrerin/Lehrer zum Kind: (aggressiv) Bist du eine Schlampe! Ständig vergißt du deine Hausaufgaben! – (freundlich oder neutral) Weißt du nicht, wo deine Hausaufgaben sind?

Kind zu Kind – wir gehen die Treppe hoch: (aggressiv) He! Du hast mich angerempelt! – (fordernd, bestimmt, aber nicht aggressiv) Kannst du bitte aufpassen? Ich mag nicht so angerempelt werden.

Kind zu Kind – wir sitzen zusammen am Tisch und arbeiten: (aggressiv) Du räumst hier wohl nie auf! Immer breitest du deine Sachen aus, und ich habe überhaupt keinen Platz! – (bestimmt, aber freundlich) Du, wenn du deine Sachen so ausbreitest, habe ich nicht genug Platz zum Arbeiten.

Kind zu Kind – wir sitzen im Stuhlkreis: (aggressiv) He! Das war mein Platz! – (bestimmt, nicht entschuldigend) Da habe ich gesessen. Ich bin kurz weggegangen, weil ich etwas wegschmeißen wollte. Ich möchte mich gerne wieder dahin setzen.

Auswertung: Fragen Sie die Kinder, wie ihre Erfahrungen im Alltag sind: Redet ihr eher aggressiv oder freundlich miteinander, wenn ihr etwas wollt? Warum? Wie ist die Reaktion? Wie bekommt man eher das, was man will? (Das hängt sicherlich z. T. davon ab, mit wem man es zu tun hat, und wie die Beziehung zu dieser Person ist.) Tragen Mädchen und Jungen ihre Anliegen unterschiedlich vor? Wie und warum? Bitte Beispiele geben!

Zuhören und sich mitteilen

Die Kinder setzen sich mit der Bedeutung des Begriffs „Zuhören" auseinander und üben konstruktives Zuhören ein, sowie, sich effektiv mitzuteilen.

Kinder verbinden den Begriff Zuhören meist mit der Aufforderung, bei Informationen und Arbeitsanweisungen aufzupassen. Bei diesen Übungen geht es nicht vorrangig um Aufpassen, sondern um differenziertes Zuhören und differenzierte Mitteilung. Einige Übungen verdeutlichen beispielsweise, wie viele Möglichkeiten es gibt, jemanden anzusprechen (z. B. aggressiv, bettelnd, selbstbewußt), und daß die Art der Ansprache sehr unterschiedliche Reaktionen bewirkt.

Gutes und schlechtes Zuhören *(Dauer ca. 45 Min.)*

Altersstufe: 2. bis 4. Klasse

Material: Wandzeitungen und Stifte oder Tafel und Kreide

Vorbereitung: Bereiten Sie mit einer Kollegin oder einer Schülerin ein kurzes Rollenspiel vor, bei der eine etwas erzählt, was ihr wirklich widerfahren ist, und die andere zuhört.

Kündigen Sie der Klasse lediglich an, daß Sie jetzt ein Rollenspiel vorführen. Die Klasse soll aufpassen, worum es geht. Die Erzählerin fängt mit ihrer Geschichte an, und die Zuhörerin hört zunächst ganz schlecht zu (unterbricht ständig, spielt mit Schlüsseln, lenkt vom Thema ab, erzählt von eigenen Erfahrungen). Brechen Sie nach einigen Minuten das Rollenspiel ab und fangen Sie von vorn an mit dem Unterschied, daß die Zuhörerin diesmal gut zuhört, d. h., sie wendet sich ihrer Partnerin zu, zeigt Einfühlungsvermögen, stellt anteilnehmende Fragen. Anschließend erzählen die Kinder, was ihnen beim Rollenspiel aufgefallen ist und woher sie solche Situationen kennen.

In einem zweiten Schritt sammelt die Klasse im Brainstormingverfahren Antworten zu der Frage: „Woran merkst du, wenn dir jemand schlecht zuhört?" bzw. „Woran merkst du, wenn dir jemand gut zuhört?" In Paaren (entweder vor der ganzen Klasse oder gleichzeitig) probieren dann die Kinder schlechtes und gutes Zuhören aus.

Auswertung: Fragen Sie die Kinder, wie sie sich in den verschiedenen Rollen gefühlt haben. Fragen Sie außerdem: Wie oft habt ihr das Gefühl, daß euch wirklich jemand zuhört? Wer hört euch zu und in welchen Situationen? Was ist das für ein Gefühl? Wie oft hört ihr anderen richtig zu? Ist das wichtig? Warum oder warum nicht?

Diese Übung habe ich bei Kingston Friends Workshop Group (England) kennengelernt.

Was hast du gesagt? *(Dauer ca. 20 Min.)*

Altersstufe: 2. bis 4. Klasse

Material: mehrere Streichholzschachteln mit jeweils vier abgebrannten Streichhölzern

Die Klasse sitzt im Stuhlkreis. Ein Kind erzählt etwas Wahres über sich, z. B. „Was ich gestern nach der Schule gemacht habe (mindestens drei Sachen) …". Die anderen Kinder sollen sich so viel wie möglich merken. Vier Kinder ziehen dann Streichhölzer aus einer Streichholzschachtel – eins davon ist kürzer als die anderen. Das Kind, das das kürzere Streichholz gezogen hat, muß jetzt drei Sachen nennen, die das erste Kind erzählte. Nachdem das Prinzip der Übung allen klar ist, wird die Klasse in Vierergruppen aufgeteilt, und jede Gruppe führt die Übung für sich mehrmals mit abwechselnden Rollen durch.

Gesprächsregeln *(Dauer ca. 30 Min.)*

Altersstufe: 2. bis 4. Klasse

Spielidee: sich auf Gesprächsregeln für die gemeinsame Arbeit in der Klasse einigen

Material: Wandzeitung und dicke Stifte

Die Klasse oder eine Arbeitsgruppe bekommt die Aufgabe, im Hinblick auf die vorangegangenen Übungen Gesprächsregeln für die gemeinsame Arbeit zu formulieren. Diese sollten von der ganzen Klasse besprochen und einvernehmlich beschlossen, dann an die Wand für alle lesbar aufgehängt werden.

Nette und gemeine Sachen *(Dauer ca. 30 Min. an verschiedenen Tagen)*

Spielidee: Kindern die positiven und negativen Ausdrücke, die sie im täglichen Umgang miteinander benutzen, bewußtmachen und die Auseinandersetzung darüber in Gang bringen

Material: Arbeitsbögen oder Schmierblätter für Kleingruppen

Vorbereitung: zwischen den Terminen Dialog für das Rollenspiel schreiben und einüben

Die Kinder schreiben zu zweit oder zu dritt die Ausdrücke auf (s. Arbeitsbogen S. 71). Sie sollen nur Ausdrücke aufschreiben, die sie wirklich selbst benutzen oder hören. Sie dürfen alles schreiben, auch wenn es noch so „schlimm" ist – die Bögen werden den Eltern selbstverständlich nicht gezeigt. Sie dürfen und sollen auch ihre fremdsprachlichen Ausdrücke aufschreiben. Wenn die Gruppen fertig sind, lesen sie ihre Bögen ohne Kommentar der ganzen Klasse vor. Sammeln Sie anschließend die Bögen ein. Verfassen Sie

Das sind nette Sachen, die Kinder in der Schule zueinander sagen:

Das sind gemeine Sachen, die Kinder in der Schule zueinander sagen:

vor der nächsten Spielstunde aus den Ausdrücken zwei Dialoge (einen netten und einen gemeinen). Spielen Sie diese unkommentiert mit einer Kollegin oder einer Schülerin der Klasse vor.

Auswertung: Besprechen Sie mit den Kindern nach dem Rollenspiel folgende Fragen:

● Was ist euch bei dem Rollenspiel aufgefallen?

● Gibt es Unterschiede zwischen den Ausdrücken (etwa: ganz schlimme, nicht so schlimme)? Gibt es Ausdrücke, die nur oder überwiegend von Mädchen oder aber nur von Jungen gebraucht werden? Warum?

● Wie fühlst du dich, wenn ein anderes Kind etwas Gemeines zu dir sagt (z. B.: betroffen, es ist mir egal)? Wie ist deine Reaktion darauf?

● In welchen Situationen sagst du selber anderen gemeine Sachen? Denkst du darüber nach, was du sagst?

● Warum sind Kinder gemein zueinander?

● Wie geht es dir, wenn ein anderes Kind dir etwas Nettes sagt (z. B.: ich bin verlegen; es gefällt mir; es kommt darauf an, wer es sagt)? Wie ist deine Reaktion darauf?

● In welchen Situationen sagst du selber anderen nette Sachen? Wie fühlst du dich dabei? Ist es leichter, einem anderen etwas Gemeines als etwas Nettes zu sagen? Begründe deine Meinung!

Erfahrungen: Das Aufschreiben der Ausdrücke ist meist mit viel Kichern verbunden. Auffallend ist, daß ihnen fast immer bedeutend mehr – und oft phantasievollere – „gemeine" als „nette" Sachen einfallen. Besonders den türkischen Kindern mußten wir versichern, daß wir die Bögen nicht ihren Eltern zeigen. In diesem Kulturkreis wirken bestimmte Ausdrücke, z. B. Beleidigung der Mutter, besonders stark und sorgen oft für eine Eskalation von Konflikten. Kinder benutzen häufig Wörter, die wir als Erwachsene als roh und grob beleidigend empfinden, und denken sich nichts dabei. Die möglichen Folgen müssen den Kindern bewußt gemacht werden. Jede Lehrerin muß ihren eigenen Weg finden, mit dem Sprachgebrauch der Kinder in ihrer Klasse umzugehen.

Gefühle wahrnehmen, mit Gefühlen umgehen

Die Mädchen und vor allem die Jungen lernen, Gefühle bei sich und anderen zu erkennen und anzunehmen. Die Rolle von Gefühlen im Kommunikationsprozeß soll verdeutlicht, der konstruktive Umgang mit Gefühlen eingeübt werden.

Manchmal kann es sinnvoll sein, Gefühle nicht direkt anzusprechen, sondern sich langsam an das Thema heranzutasten, also zunächst Geschichten, in denen einzelne bestimmte Gefühle erleben, gemeinsam zu lesen, zu besprechen und unter Umständen nachzuspielen. Vielleicht ist es einigen Kindern in Ihrer Klasse auch so gegangen wie einem Mädchen oder Jungen aus der Geschichte. Es ist wichtig, daß sich möglichst alle Kinder zu dem jeweiligen Gefühl äußern. Man kann z. B. eine Runde machen, bei der alle erzählen, wovor sie Angst haben oder worauf sie stolz sind. Die Lehrkraft sollte darauf achten, daß die Gefühle gegenseitig angenommen werden. Eine weitere Möglichkeit ist, Teile der Geschichte nachzuspielen, wobei Geschlechterrollen getauscht werden können.

Gefühle benennen und erkennen *(Dauer ca. 45 Min. in zwei Schulstunden)*

Altersstufe: 3. bis 4. Klasse

Material: Stifte und Papier für Kleingruppen

Vorbereitung: Zwischen den Stunden die von den Kindern aufgelisteten Gefühle auf einzelne Zettel schreiben

Die Klasse teilt sich nach Belieben in Kleingruppen (zwei bis vier Kinder) auf, die alle Gefühle auflisten, die ihnen einfallen. Fordern Sie die Gruppen anschließend auf, ihre Listen vorzulesen, und sammeln Sie diese ein. Schreiben Sie nach der Stunde die Gefühle aus den Listen auf einzelne Zettel und falten Sie diese zusammen; es sollen so viele Zettel wie Schüler sein.

Verteilen Sie zu Beginn der nächsten Spielstunde die Zettel an die im Stuhlkreis sitzenden Kinder. Nach und nach gehen die Kinder in die Mitte, um „ihr" Gefühl pantomimisch darzustellen, das die anderen raten sollen. Wenn einzelne Hemmungen haben, vor der Klasse zu spielen, können Paare oder eine Kleingruppe das jeweilige Gefühl gleichzeitig ausdrücken.

Auswertung: Fragen Sie die Kinder, wie sie die Übung erlebten. Was fiel euch schwer? Warum? Was meint ihr: Drücken Mädchen und Jungen ihre Gefühle unterschiedlich aus? Woran macht ihr das fest? Warum tun sie das und welche Auswirkungen hat es?

Variationen: Verteilen Sie die „Gefühlszettel" bewußt geschlechtsuntypisch, z. B. ein schüchternes Mädchen führt vor „Ich fühle mich stark", ein übermütiger Junge „Ich habe Angst". Fragen Sie bei der Auswertung, was an der Übung ungewöhnlich war, was den Kindern schwerfiel, was ihnen Spaß machte.

Gefühl und Sprache

Vorbereitung: Fragen Sie vorher ausländische Kinder, die eine gemeinsame Sprache haben, ob sie jeweils zu zweit oder zu dritt einen Sketch zu einem bestimmten Gefühl bzw. zu einer bestimmten Situation aufführen können (z. B. Isolation: jemand wird aus der Gruppe ausgeschlossen, oder Ärger: Streit über einen Stift). Mit kleineren Kindern soll man den Sketch vorher einüben.

Die Sketche werden der Klasse vorgeführt, und die, die die Sprache nicht beherrschen, müssen herausbekommen, was passiert ist und wer welche Gefühle ausdrückte.

Gefühlsbilder *(Dauer ca. 20 – 30 Min.)*

Material: bunte Stifte und Papier

Die Kinder malen – am besten an verschiedenen Tagen – Bilder darüber, wie sie Angst, Wut und Mut erleben.

Die Bilder werden (möglichst in Kleingruppen) besprochen oder unkommentiert aufgehängt, so daß alle sie ansehen können. Machen Sie die Art der Auswertung von der Stimmung in der Klasse abhängig. Manchmal ist es sinnvoller, die Kinder einzeln zu ihren Bildern zu befragen oder wenn sich die Kinder die Bilder gegenseitig zeigen, als die Gefühle im Kreisgespräch zu „zerreden".

Abgewandelt nach einer Idee von Braun, 1989, S. 30

Wohin mit meiner Wut? *(Dauer ca. 20 Min.)*

Spielidee: sich auf den Umgang mit Wut in der Klasse einigen

Material: eine Wandzeitung und dicke Stifte

Fragen Sie die Kinder: „Was tut ihr, wenn ihr wütend seid?" und schreiben Sie die Ergebnisse auf die Tafel oder eine Wandzeitung. Gehen Sie dann mit der Klasse die Liste nochmal durch und überlegen Sie gemeinsam, bei welchen Verhaltensweisen jemandem weh getan wird oder etwas kaputtgeht. Diese werden aus der Liste gestrichen (z. B. Hauen, Prügeln, mit gefährlichen Gegenständen um sich werfen) oder geändert (z. B. jemanden anschreien – aber nicht direkt ins Ohr; mit einem weichen Gegenstand werfen). Die neue Liste wird abgeschrieben und im Klassenraum für alle sichtbar aufgehängt.

Abgewandelt nach einer Idee von Kreidler, 1984, S. 115

4.4 Kooperation

Wer Konflikte konstruktiv und gewaltfrei austragen möchte, muß bereit und in der Lage sein, mit seinen „Konfliktpartnern" zu kooperieren. Kooperation setzt Kommunikationsfähigkeit voraus.

Als pädagogisches Prinzip ist Kooperation sicherlich unumstritten. Didaktisch wird sie durch *Partnerarbeit, Gruppenunterricht, binnendifferenzierten* und *Projektunterricht* umgesetzt. Das Prinzip Kooperation steht jedoch im Widerspruch zur Struktur unserer Schule und zu eingefahrenen, herkömmlichen Unterrichtsformen. Da sie nicht auf Freiwilligkeit basiert, kann Schule gewissermaßen als Zwangsgemeinschaft gesehen werden. Schulen sind hierarchisch organisiert: Behörden bestimmen Lehrpläne, Schulleiter bestimmen

Stundenpläne, Lehrerinnen bestimmen, wie Schülerinnen zu lernen haben. Schülerinnen bestimmen praktisch nur, inwieweit sie sich auf das einlassen, was von ihnen erwartet wird. Auch die vielbeschworene Kooperation zwischen Schule und Elternhaus findet meistens nur auf formaler Ebene statt.

Wie in der übrigen Gesellschaft spielt *Konkurrenz* auch in der Schule eine wichtige Rolle: Schüler konkurrieren um Noten, um die Aufmerksamkeit ihrer Lehrerinnen, um Ansehen in der peer group. Statt die eigenen Leistungen an sich selber zu messen, werden Normen verinnerlicht, die von außen, von anderen gesetzt wurden. Diese verinnerlichten Normen, das Konkurrenzdenken und Machtstreben hindern viele Schülerinnen und Schüler daran, ihre potentiellen emotionalen, kognitiven und kreativen Fähigkeiten zu entwickeln.

Unter welchen Voraussetzungen kann erfolgreiche Kooperation in der Schule stattfinden? Ich möchte drei Bereiche ansprechen: die Rahmenbedingungen, das Verhalten der Lehrkraft und das Verhalten der Kinder.

Kooperation setzt mehrere *schulorganisatorische Rahmenbedingungen* voraus. Geeignete, am besten anheimelnde Räumlichkeiten und eine flexible Sitzordnung gehören ebenso dazu wie entsprechendes Arbeitsmaterial und ein elastischer Stundenplan, da die Gruppen Zeit für gemeinsame Projekte benötigen. Schließlich brauchen Paare oder Gruppen ein gemeinsames Ziel, eine Aufgabenstellung, die nur von zwei oder mehr Personen erfüllt werden kann, und Raum für freie Entscheidungen bzw. Experimente.

Kooperation erfordert folgende *Verhaltensweisen* und Fähigkeiten *der Lehrerin:*

- Interesse an den Kindern
- partnerschaftlicher Umgang mit den Kindern
- Rücksicht auf die Bedürfnisse und Wünsche der Kinder
- Geduld
- Verzicht auf dominantes Verhalten
- Unterstützung der Kinder bei ihren Lernprozessen.

Kooperation setzt folgende *Verhaltensweisen* und Fähigkeiten *der Kinder* voraus:

- gleichberechtigte Beziehungen oder die Bereitschaft und die Fähigkeit, sich mit Machtunterschieden innerhalb der Gruppe auseinanderzusetzen
- gegenseitiges Interesse
- gegenseitige Akzeptanz

- Kommunikationsfähigkeit
- Interesse am gemeinsamen Ziel
- Fähigkeit, eigene Beiträge zu leisten
- Bereitschaft, aufeinander zuzugehen
- um Hilfe bitten können
- anderen helfen können
- mit anderen Geduld haben
- auf andere Rücksicht nehmen.

Wie erzeugt man bei Kindern Kooperationsbereitschaft? Wie erzieht man zur Kooperationsfähigkeit? Die Spiele und Übungen zu diesem Thema versuchen, Wege zur Kooperation aufzuzeigen. Dabei spielt die Arbeit in Kleingruppen eine große Rolle. Folgende Schwerpunkte bestimmen den Aufbau dieses Kapitels:

- Kooperationsspiele
- nonverbale Zusammenarbeit
- Entscheidungsfindung in der Gruppe.

Fragen zur Einschätzung der Klassensituation in bezug auf Kooperation:

Kooperation zwischen Lehrerinnen und Kindern

1. Wie konstruktiv arbeiten Sie mit der Klasse zusammen? Beschränkt sich die Kooperation darauf, daß die Kinder Ihre Anweisungen (gemeinsam) ausführen sollen, oder bringen beide Seiten eigenständige Ideen in die Interaktion?

2. Können Sie besser mit den (ausländischen/deutschen) Mädchen oder den (ausländischen/deutschen) Jungen in Ihrer Klasse zusammenarbeiten? Woran liegt das? Welche Konsequenzen hat dies für die Stimmung in der Klasse?

3. Gibt es einzelne Kinder, die die Mitarbeit im Unterricht verweigern? Warum tun sie das (aus Unfähigkeit, fehlender Bereitschaft)? Wie reagieren die anderen darauf? Wie gehen Sie mit der Situation um? Wie möchten Sie damit umgehen?

4. Wie könnten Sie die Zusammenarbeit zwischen Ihnen und der Klasse verbessern?

Kooperation unter Schülerinnen und Schülern

1. Inwieweit fördern Ihre didaktischen Entscheidungen zur Unterrichtsorganisation (Frontalunterricht, Binnendifferenzierung, Projektunterricht), zur Sitzordnung (Reihen, Hufeisen, Kleingruppen an Tischen) und zu Form und Maßstäben der Leistungsbewertung die Kooperation unter den Kindern? Inwieweit bewirken sie statt Konkurrenz Kooperation?

2. Wie konstruktiv arbeiten die Schülerinnen und Schüler zusammen: (ausländische und deutsche) Mädchen untereinander, (ausländische und deutsche) Jungen untereinander, Mädchen mit Jungen?

3. Gibt es Kinder, die besonders gut mit anderen kooperieren können? Wovon hängt das ab (Leistungsfähigkeit, soziale Fähigkeiten)? Erkennen Sie die Fähigkeit und Bereitschaft dieser Kinder zur Kooperation ausdrücklich an? Verlassen Sie sich im Unterricht darauf?

4. Wie wirkt sich die Kooperationsfähigkeit und -bereitschaft einzelner Kinder oder Schülergruppen auf die Stimmung in der Klasse und das Leistungsniveau aus?

5. Gibt es einzelne Kinder, die die Zusammenarbeit mit anderen verweigern? Warum tun sie das (aus Unfähigkeit, fehlender Bereitschaft, Angst)? Wie reagieren die anderen Kinder darauf? Wie gehen Sie mit dieser Situation um? Wie möchten Sie damit umgehen?

6. Gibt es bestimmte Kinder, mit denen die anderen nicht gerne zusammenarbeiten? Woran liegt das? Was könnten Sie tun, um diese Kinder besser in die Klassengemeinschaft zu integrieren?

Kooperation zwischen Schule und Elternhaus

1. Wie konstruktiv arbeiten Sie mit den Eltern zusammen? Sind Elternabende so organisiert, daß nicht nur organisatorische und fachbezogene, sondern auch soziale Anliegen besprochen werden können, z. B. der Umgang miteinander in der Klasse? Inwieweit werden Probleme in der Klasse gemeinsam und konstruktiv besprochen? Mit welchen Eltern können Sie gut kooperieren, mit welchen nicht? Woran liegt das?

2. Wie ist der Umgang der Eltern miteinander: Sehen sich die Eltern nur beim Elternabend, oder haben sie auch informelle Kontakte untereinander? Wie reagieren Eltern, wenn ihre Kinder z. B. als Täter oder Opfer von Problemen in der Klasse betroffen sind?

3. Welche positiven Auswirkungen hätte eine verbesserte Zusammenarbeit zwischen Ihnen und den Eltern Ihrer Schülerinnen und Schüler? Wie könnten Sie zu einer verbesserten Kooperation kommen?

Kooperation im Kollegium einerseits und zwischen Kollegium und Schulleitung andererseits

1. Wie konstruktiv arbeiten die Kolleginnen und Kollegen zusammen? Werden Absprachen über Aufgabenteilung, Kompetenzbereiche und Pausenaufsichten eingehalten? Gibt es klare und verbindliche Absprachen über Verhalten in Konfliktfällen und Gewaltsituationen? Falls nicht, woran liegt das?

2. Mit welchen Kolleginnen arbeiten Sie gut zusammen? Woran liegt das? Mit welchen arbeiten Sie weniger konstruktiv zusammen? Woran liegt das? Wäre es notwendig oder wünschenswert, die Kooperation mit diesen Kolleginnen zu verbessern? Welche Schritte könnten Sie in diese Richtung tun?

3. Wenn sie im Team arbeiten: Gibt es eine klare Rollen- und Aufgabenverteilung? Sind beide bzw. alle mit dieser Aufteilung einverstanden oder dominiert jemand z. B. bei der Entscheidungsfindung oder beim Auftreten in der Klasse? Was könnten Sie tun, um im Team besser zu kooperieren? Was meinen Sie, wie die Kinder Ihre Zusammenarbeit erleben?

4. Wie sieht die Kooperation zwischen dem Kollegium und der Schulleitung aus? In welchen Bereichen ist die Zusammenarbeit positiv, in welchen könnte sie verbessert werden und wie?

Kooperationsspiele

Bei Kooperationsspielen agieren Kinder gemeinsam in entspannter Atmosphäre. Sie sollen Spaß haben und gleichzeitig die Zusammenarbeit in der Kleingruppe und mit der ganzen Klasse üben und – falls für die jeweilige Gruppe angebracht – zunehmend Körperkontakt zueinander aufnehmen.

Kooperatives Buchstabieren *(Dauer ca. 20 Min.)*

Spielidee: in der Kleingruppe gemeinsam Begriffe darstellen

Material: Wörter auf Kärtchen

Vorbereitung: Bereiten Sie 15 bis 20 Kärtchen vor, auf denen kurze Wörter stehen, deren Buchstaben von einer Kleingruppe dargestellt werden können, z. B. „Haus", „ich", „oder".

Teilen Sie die Klasse in Kleingruppen von vier bis fünf Kindern auf. Geben Sie jeder Gruppe mehrere Kärtchen mit der Aufforderung, ihre Wörter nicht an die anderen Gruppen zu verraten. Die Gruppen üben zunächst getrennt, z. B. in verschiedenen Ecken des Raumes, wie sie die Wörter auf ihren Kärtchen so mit dem eigenen Körper „buchstabieren" können, daß sie von den anderen „gelesen" werden können. Die eingeübten Wörter werden anschließend dem Rest der Klasse vorgeführt. Wenn sie wollen, dürfen sich die Kinder eigene Wörter oder Namen ausdenken und buchstabieren.

Abgewandelt nach: Prutzman u. a., 1988, S. 30

Ratespiel: Begriffe erraten *(Dauer ca. 20 Min.)*

Spielidee: in Kleingruppen gemeinsam Begriffe erraten

Material: etwa 10 vorbereitete Kärtchen-Sätze mit Hinweisen auf Gegenstände, die sich in oder um die Schule herum befinden und allen Kindern bekannt sind, z. B. Turnhalle, Kreide (jeder Satz hat fünf Kärtchen, also eins für jedes Gruppenmitglied, und auf jedem Kärtchen stehen alle Hinweise)

Teilen Sie die Klasse in Gruppen von vier bis fünf Kindern auf, die sich zusammensetzen. Geben Sie jeder Gruppe einen Satz Kärtchen: Jedes Kind bekommt ein eigenes Kärtchen, die Kärtchen erhalten alle die gleichen Hinweise auf Gegenstände in der Schule oder Umgebung. Die Gruppe muß raten, worum es sich handelt. Wenn eine Gruppe die Antwort geraten hat, bekommt sie von Ihnen einen neuen Satz Kärtchen.

Beispiele für Hinweise: Sie sind grün. Sie brauchen Licht und Wasser. Sie stehen im Klassenzimmer (Pflanzen).

Sie ist groß. Alle Klassen benutzen sie. Man kann sich darin gut bewegen (Turnhalle).

Man kann damit schreiben. Sie macht die Finger staubig. Sie ist weiß (Kreide).

Rollenspiele mit vorgegebenen Gegenständen *(Dauer ca. 20–30 Min.)*

Material: mehrere Taschen oder Tüten mit jeweils verschiedenen Gegenständen (eine Tüte für vier bis fünf Kinder)

Verteilen Sie an Gruppen von vier bis fünf Kindern jeweils eine Tüte mit ebenso vielen Gegenständen. Die Gegenstände müssen keinen offensichtlichen Bezug zueinander haben. Die Gruppe hat die Aufgabe, mit den Gegenständen einen Sketch zu entwickeln, bei dem alle Gruppenmitglieder mitspielen. Die Sketche werden den anderen Gruppen vorgespielt.

Hase und Fuchs

Material: zwei etwa gleich große, unterschiedliche Gegenstände, z. B. Stofftiere oder ein Ball und ein Würfel aus Schaumstoff

Die Klasse sitzt im Kreis. Der eine Gegenstand stellt einen Hasen dar, der andere einen Fuchs. Beide werden im Kreis schnell herumgereicht, und zwar mit der Vorgabe, daß beide von allen angefaßt werden müssen, also niemand übersprungen werden darf. Der Fuchs versucht, den Hasen zu fangen. Wenn er es schafft, rennt der Hase dem Fuchs hinterher usw.

Förderband

Spielidee: die Kinder liegen auf dem Boden und befördern einander

Ein Raum mit Teppich oder eine Turnhalle mit Matten wird benötigt. Die Kinder legen sich nebeneinander auf den Bauch zu Boden. Ein Kind legt sich ganz sorgsam quer über die anderen Kinder und wird weitergereicht, indem die anderen Kinder sich rollen. Wenn das Kind zum Schluß ankommt, legt es sich hin, und das erste Kind am anderen Ende „fährt" los.

Fliegen-Fangen

Spielidee: Kleingruppen fangen gemeinsam einzelne Kinder

Die Klasse teilt sich in Gruppen zu vier Kindern auf. Drei der Kinder in jeder Gruppe fassen sich an den Händen – sie bilden zusammen ein Spinnennetz. Das übriggebliebene Kind ist die Fliege. Die Spinnennetze fangen die Fliegen (nicht unbedingt ihre eigenen), indem sie sie anticken und einschließen. Die Fliege schließt sich jetzt dem Spinnennetz an und bestimmt, welches Kind sich als nächste Fliege aus dem Spinnennetz lösen darf. Kein Kind darf zweimal Fliege sein, bis alle dran waren. Wichtig: Unumstößliche Regel ist, daß sich niemand weh tun darf. Wer dagegen verstößt, darf nicht mitspielen.

Abgewandelt nach einer Idee von Kreidler, 1984, S. 132

Nonverbale Zusammenarbeit

Hier geht es darum, sich nonverbal mitzuteilen und auf nonverbale Signale anderer zu achten. Die Kinder üben, gemeinsam auf ein (meist vorgegebenes) Ziel hinzuarbeiten. Die nonverbale Zusammenarbeit schafft meist eine besondere Spannung und eine schöne Stimmung, auch wenn das Redeverbot nicht absolut eingehalten wird. Ein Problem ist, daß die Kinder, die sonst in der Klasse dominieren, dieses Verhalten bei den Kooperationsübungen nicht fortsetzen sollen. In unserer Erfahrung klappte die Kleingruppen- und Paararbeit zwischen Mädchen und Jungen häufig schlecht. Bitte berücksichtigen Sie diese Aspekte, wenn Sie überlegen, wie sie die Gruppen aufteilen wollen.

Spiegelbild

Die Klasse teilt sich in selbstausgesuchte Paare auf (die Kinder sollen etwa gleich groß sein). Die Paare spiegeln sich mit Bewegungen und ohne Worte oder Laute. Ein Kind fängt an und bewegt sich langsam, damit das andere ihm möglichst gleichzeitig folgen kann. Nach ein paar Minuten werden die Rollen getauscht. Es ist sehr wichtig, daß eine ruhige und konzentrierte Atmosphäre im Raum herrscht und daß die Paare während der Übung nicht miteinander sprechen.

Variation: In den ersten Klassen eventuell vorab mit den Kindern überlegen, welche Situationen man bei dem Spiel darstellen kann, z. B. den Tagesablauf. Das soll aber nicht die Phantasie einschränken.

Puzzle-Spiel *(Dauer ca. 20 Min.)*

Material: Umschläge mit Puzzleteilen für Vierergruppen (s. unten)

Vorbereitung: die Puzzles vergrößern, ausschneiden (s. Muster unten), auf Umschläge verteilen und das Spiel selbst ausprobieren (Achtung: Die Erstellung der Puzzles erfordert viel Zeit; Sie benötigen für jede Gruppe Puzzleteile in anderen Farben.)

Teilen Sie die Klasse in Vierergruppen auf, die sich an einem Tisch zusammensetzen. Jede Gruppe bekommt einen Umschlag mit einem Satz Puzzleteile, die die Kinder wie Karten unter sich verteilen. Am Anfang haben nicht alle Gruppenmitglieder gleich viele Teile – das macht aber nichts. Jedes Kind soll ein Puzzle zusammenstellen, und alle Puzzles müssen gleich groß sein. Die Gruppe ist erst fertig, wenn alle ein Puzzle vor sich haben. Die Teile, die man nicht braucht, werden immer nach rechts weitergereicht. Während der gesamten Übung darf nicht gesprochen werden. Die Kinder dürfen einander helfen, nicht jedoch ein Puzzle für jemand anders zusammenstellen.

Auswertung: Fragen Sie die Klasse, was bei dem Spiel Spaß machte und was schwierig war. Haben alle Kinder in der Gruppe gleichberechtigt zusammengearbeitet? Falls einzelne dominierten: warum, wie ging es den anderen dabei? Wie kann man auch sonst jemandem helfen, ohne gleich die Aufgabe insgesamt zu lösen?

Hinweise zur Herstellung der Puzzles: Schneiden Sie die Puzzleteile aus fester Pappe aus. Jeder Umschlag enthält einen Satz von vier Puzzles, die die gleiche Farbe haben. Die Puzzlesätze für die verschiedenen Gruppen unterscheiden sich nur dadurch, daß sie unterschiedliche Farben haben. Wenn Sie das Spiel vereinfachen wollen, können Sie die Rückseite der Puzzleteile mit Zeichen markieren, damit die Kinder notfalls nachschauen können, welche Teile zusammengehören.

Dieses Spiel lernte ich bei Anita St. Claire kennen.

Bild zu zweit

Spielidee: Nonverbale Partnerarbeit üben

Altersstufe: 3. bis 4. Klasse

Material: jeweils ein Blatt und ein Stift für Paare

Die Kinder sitzen zu zweit am Tisch und haben die Aufgabe, zusammen einen Stift anzufassen und – ohne miteinander zu reden – ein Haus, eine Katze und eine Blume zu zeichnen. Wenn das Bild fertig ist, unterschreiben beide, wiederum ohne zu sprechen, mit einem Namen. Anschließend zeigen die Paare der Klasse ihr Bild.

Auswertung: Fragen Sie, wie die Zusammenarbeit bei den Paaren geklappt hat: Hat immer der gleiche geführt oder wurde abgewechselt? Wie erfolgte die Verständigung ohne Worte? Sind beide Partner mit dem Ergebnis zufrieden? Warum oder warum nicht? Erinnert euch diese Übung an Situationen, die ihr erlebt habt? Wie ist es möglich, sich zu einigen, so daß niemand die Beziehung dominiert?

Variation: In der 1. und 2. Klasse zeichnen oder malen die Kinder insgesamt vier Gegenstände auf demselben Blatt, müssen sich aber trotzdem nonverbal einigen, wer was zeichnet.

Abgewandelt nach: Antons, 1973, S. 115

Entscheidungsfindung in der Gruppe

Die Kinder üben Kooperation, indem sie gefordert werden, eigene Ideen in die Gruppe einzubringen, auf die Ideen anderer konstruktiv einzugehen und selbständig Entscheidungen zu treffen.

Bei den folgenden Übungen stehen nicht die Inhalte der Entscheidungen, sondern der Gruppenaspekt und der Prozeß im Vordergrund, wie eine Entscheidung entstanden ist. Um die Kinder zur Zusammenarbeit zu motivieren, müssen aber die gestellten Aufgaben und Fragen für sie von Bedeutung sein.

Wir einigen uns *(Dauer ca. 30 Min.)*

Altersstufe: 2. bis 4. Klasse

Material: Listen für jede Gruppe

Teilen Sie die Klasse in Gruppen von drei bis fünf Kindern auf. Jede Gruppe bekommt eine Liste mit Situationsbeschreibungen und soll sich innerhalb von fünf Minuten einigen, wie sie sich in der Situation verhalten würde. Anschließend teilen die Gruppen kurz ihre Ergebnisse mit und tragen ihre inhaltlichen Argumente in Stichpunkten vor. Dann bekommen sie die zweite Liste und wiederholen den Vorgang.

Beispiele von Listen zur Entscheidungsfindung:

Ihr reist mit dem Auto in die Türkei und wollt mitnehmen: den Paß, ein spannendes Buch, ein Geschenk für die Oma, ein Spielzeug, Reiseproviant (Essen und Trinken), Badeanzug, ein Stofftier, Stift und Papier zum Briefeschreiben. Es passen aber nur drei Sachen in den Koffer, und ihr müßt gemeinsam entscheiden, was ihr mitnehmen wollt.

Ihr wollt bei einem Freund übernachten und wollt folgende Sachen mitnehmen: Schlafanzug, Spielzeug, Stofftier, frische Kleider für den nächsten Tag, Schlafsack, Zahnbürste, Lieblingsbuch, Schulmappe. Ihr könnt aber nur drei Sachen mitnehmen und müßt euch einigen, welche drei Sachen es sein sollen.

Ihr wollt in die Schule gehen und mitnehmen: Chips, Geld, Pausenbrot, Apfel, Gummitwist, Kaugummis, Getränk, Murmeln, Hausaufgaben. Ihr könnt aber nur drei Sachen mitnehmen und müßt euch einigen, welche drei Sachen es sein sollen.

Ihr macht mit der Familie ein Picknick und wollt mitnehmen: Ball, Frisbee, Decke, Brot und Käse, Obst, Saft, Geld für den Rummel, Fahrrad. Ihr könnt aber nur drei Sachen mitnehmen und müßt euch einigen, welche drei Sachen es sein sollen.

Auswertung: Fragen Sie die Kinder, ob die Gruppen Schwierigkeiten hatten, sich auf Lösungen zu einigen. Dominierten einzelne den Entscheidungsprozeß oder wurden die Entscheidungen gleichberechtigt getroffen? Wer hat mal nachgegeben, wer wollte sich unbedingt durchsetzen?

Utopia bauen *(Dauer ca. 45 Min.)*

Altersstufe: 3. bis 4. Klasse

Material: Malstifte, Wandzeitungen (großes Papier) und eventuell Bastelsachen für Kleingruppen

Sprechen Sie mit den Kindern kurz darüber, was Utopia ist und wie sie sich ein solches vorstellen. Dann teilt sich die Klasse in Gruppen von drei bis fünf Kindern auf. Jede Gruppe bekommt Malstifte und eine große Wandzeitung. Die Gruppen haben die Aufgabe, Utopia zu entwickeln. Sie müssen sich darauf einigen, wie Utopia aussieht, und dieses gemeinsam auf einer großen Wandzeitung aufzeichnen. Gibt es z. B. eine Schule, Geschäfte? Arbeiten die Menschen? Wo? Anschließend werden die verschiedenen Utopias den anderen Gruppen gezeigt.

Auswertung: Sprechen Sie mit den Kindern über den Verlauf der Gruppenarbeit: War es schwer, euch zu einigen? Warum oder warum nicht? War es immer nötig, euch zu einigen? Mußte jemand Kompromisse eingehen, wer, welche? Waren zum Schluß alle mit dem Ergebnis zufrieden?

4.5 Geschlechtsbezogene Interaktion

Was ist der Zusammenhang zwischen *geschlechtsbezogenen Interaktionsprozessen* und *konstruktiver Konfliktaustragung?* Auch wenn in den letzten Jahren vieles in Bewegung geraten ist in bezug auf die Rolle von Frauen und Männern in der Gesellschaft, werden Mädchen und Jungen nach wie vor unterschiedlich sozialisiert. Diese Prozesse, die im Elternhaus und in der Schule häufig unbewußt stattfinden, prägen die Art der Konfliktaustragung.

Insbesondere hinsichtlich ihres *sozialen Verhaltens* erleben Lehrerinnen Mädchen und Jungen in der Regel unterschiedlich. Lehrerinnen schätzen die positiven sozialen Kompetenzen von *Mädchen,* die den Unterrichtsprozeß erleichtern und eine angenehme Atmosphäre in der Klasse schaffen, z. B. Hilfsbereitschaft, Zurückhaltung, Einfühlungsvermögen, Selbständigkeit; die Fähigkeit, Konflikte verbal auszutragen; Sorgfalt. Bemängelt wird bei Mädchen der Mangel an Selbstwertgefühl und Durchsetzungsfähigkeit, Unsicherheit in bezug auf ihre Leistungen und Fähigkeiten, Zurückhaltung, Angepaßtheit, Kritiklosigkeit und ihre oft zickige und indirekte Art, Konflikte auszutragen.

Lehrkräfte kritisieren dagegen das negative soziale Verhalten von *Jungen,* z. B. Aggressivität, Brutalität, Rücksichtslosigkeit, Überheblichkeit (besonders gegenüber Mädchen), Selbstzentriertheit. Andererseits werden Jungen Lebendigkeit, Initiative, Kreativität, Durchsetzungsfähigkeit, Interesse und die Fähigkeit, Konflikte direkt auszutragen, als positiv zugeschrieben.

Allerdings beeinflussen *vorgefaßte Meinungen* die Wahrnehmung von Lehrerinnen: Sind Mädchen wirklich so unsicher und zickig, Jungen so lebendig und kreativ? Oder betrachten Lehrerinnen nicht aufgrund ihrer eigenen Sozialisation das Verhalten der Kinder durch eine gefärbte Brille und nehmen selbstbewußte Mädchen und unsichere Jungen weniger wahr bzw. ernst?

Auch durch ihr *eigenes Verhalten* tragen Lehrerinnen und Lehrer bewußt oder unbewußt zu tradierten Verhaltensweisen bei, z. B. indem sie den Jungen aufgrund ihres Störverhaltens erhöhte Aufmerksamkeit zukommen lassen, um sie positiv in den Unterrichtsprozeß einzubinden, oder indem sie weniger Aufmüpfigkeit bei Mädchen tolerieren. Es scheint so, als ob die Kinder von den Lehrkräften widersprüchliche Botschaften vermittelt bekämen: Die Mädchen sollen fleißig und ordentlich, aber auch nicht zu angepaßt, selbstbewußt und konfliktfähig, aber nicht zickig sein. Die Jungen sollen interessiert und durchsetzungsfähig, aber nicht dominant, sie sollen einfühlsam und weniger aggressiv, aber nicht langweilig sein.

Ich frage mich, wie es den Lehrkräften ginge, wenn ihre Schülerinnen genauso lebhaft wären wie ihre Schüler! Obwohl beide Geschlechter in ihrer Entwicklung durch traditionelle Rollenerwartungen eingeschränkt werden, nehmen Mädchen diese Einschränkungen oft eher wahr als Jungen. Mädchen wollen nicht so sein wie ihre Kameraden, die sie häufig als rücksichtslos und aggressiv empfinden, aber sie wollen zu Recht die gleichen Privilegien genießen.

Es geht darum, *das Spektrum an möglichen Eigenschaften, Verhaltensweisen und Tätigkeiten für beide Geschlechter zu erweitern.* Grundsätzlich ist es nicht nur wichtig, die Kinder zu verändertem Verhalten aufzufordern („Setzt euch durch!" an Mädchen, „Beherrscht euch!" an Jungen gerichtet), sondern mit ihnen diese Verhaltensweisen immer wieder gemeinsam einzuüben und sie ihnen vorzuleben.

Mädchen und Jungen scheinen ihre Gefühle unterschiedlich auszudrücken. Beim Brainstorming zum Thema „Wohin mit meiner Wut?" beteiligten sich in einer 2. Klasse fast ausschließlich Jungen, die meisten Antworten waren aggressiver Art. Ein Junge nannte sogar „Mädchen hauen" als eine Möglichkeit, seine Wut loszuwerden. Als es im zweiten Teil der Übung darum ging festzustellen, was man nicht machen darf, weil jemand dabei zu Schaden kommen könnte, meldeten sich die Mädchen fleißig. Für die Jungen lag es offensichtlich näher, ihren Anspruch auf Aggressivität und Dominanz über andere zu zeigen. Die Mädchen dagegen spielten den sozialen Part und gaben konstruktive Antworten.

Viele Jungen werden gewalttätig, weil sie unsicher sind und Angst haben. Diese Jungen müssen lernen, daß es nicht „unmännlich" ist, gelegentlich auch Schwäche zu zeigen, und daß sie nicht immer besser oder stärker sein müssen als andere.

Mädchen müssen oft erst lernen, sich den Auseinandersetzungen zu stellen, ihre körperlichen Kräfte zu spüren und auszuprobieren. Mädchen und Jungen müssen immer wieder mit Unterstützung von Lehrerinnen und Lehrern alternative Verhaltensweisen einüben. Ich möchte besonders den männlichen Lehrkräften nahelegen, sich mit den Bedürfnissen und der Entwicklung der Jungengruppe auseinanderzusetzen.

Viele der Übungen in diesem Kapitel sollen in geschlechtsgetrennten Gruppen durchgeführt werden. Auch wenn diese Arbeitsweise Ihnen zunächst fremd vorkommt, möchte ich Sie dazu ermutigen, sie einige Male auszuprobieren. Wahrscheinlich werden Sie dabei gewisse organisatorische Hindernisse überwinden müssen. Es wird sich aber lohnen, denn Mädchen und Jungen sind entspannter und oft auch ehrlicher, wenn sie unter sich sind.

Schließlich: Immer hat das, was in der Schule passiert, auch etwas mit Ihnen *in Ihrer Rolle* als Frau bzw. als Mann zu tun. Als Lehrerin oder Lehrer sind sie Vorbild für ihre Schülerinnen und Schüler. Die intensive Beschäftigung mit geschlechtsspezifischen Erwartungen und Verhaltensweisen im Rahmen von Spielstunden setzt Ihre ganz persönliche Bereitschaft voraus, sich mit Ihrem eigenen Selbstbild und Ihrer Rolle als Frau bzw. Mann auseinanderzusetzen.

Fragen zur Einschätzung der Situation in der Klasse in bezug auf geschlechtsbezogene Interaktion:

Interaktion zwischen Lehrerinnen und Kindern

1. Wie groß ist in Ihrer Klasse der Anteil der Schülerinnen, der Schüler? Welche Auswirkungen hat das auf den Unterricht, auf das soziale Miteinander? Wer dominiert eher das Klassengeschehen, Mädchen oder Jungen? Wie geht es dabei den nicht-dominanten Kindern?

2. Schenken Sie Mädchen und Jungen gleich viel Aufmerksamkeit? (Vorschlag: Beobachten Sie sich selbst für ein paar Stunden oder lassen Sie sich beobachten!) Falls nicht, wodurch schafft es eine Gruppe, mehr Aufmerksamkeit zu bekommen? Welche Versuche haben Sie bereits unternommen, Ihre Aufmerksamkeit gerecht zu verteilen, z. B. „Reißverschlußverfahren" (abwechselnd Mädchen und Jungen drannehmen)? Mit welchem Erfolg? Was könnten Sie noch versuchen?

3. Wo sitzen die Mädchen in Ihrer Klasse, wo sitzen die Jungen? Wen haben Sie mehr im Blickfeld? Welche Auswirkungen hat die Sitzordnung auf Interaktionen im Unterrichtsprozeß?

> **Interaktion in der Mädchengruppe, in der Jungengruppe und zwischen Mädchen und Jungen**
>
> 1. Was wissen Sie über die Probleme der Mädchen innerhalb ihrer eigenen Gruppe? Welche positiven Gemeinsamkeiten haben die Mädchen untereinander? Wie unterstützen Sie diese?
>
> 2. Was wissen Sie über die Probleme der Jungen innerhalb ihrer eigenen Gruppe? Welche positiven Gemeinsamkeiten haben die Jungen untereinander? Wie unterstützen Sie diese?
>
> 3. Was wissen Sie darüber, wie sich Mädchen und Jungen miteinander verstehen? Gibt es intensive Freundschaften oder auch Feindschaften zwischen den Geschlechtern? Wie macht sich das im Unterricht bemerkbar?
>
> 4. Was gefällt Ihnen am Verhalten der Mädchen in Ihrer Klasse? Wie teilen Sie ihnen das mit? Was stört Sie an ihrem Verhalten? Wie teilen Sie ihnen das mit?
>
> 5. Was wünschen Sie sich von den Mädchen in bezug auf ihre Unterrichtsbeteiligung und ihr Sozialverhalten im Unterricht und in den Pausen? Wie könnten Sie sie bei diesem Lernprozeß unterstützen?
>
> 6. Was gefällt Ihnen am Verhalten der Jungen in Ihrer Klasse? Wie teilen Sie ihnen das mit? Was stört Sie an ihrem Verhalten? Wie teilen Sie ihnen das mit?
>
> 7. Was wünschen Sie sich von den Jungen in bezug auf ihre Unterrichtsbeteiligung und ihr Sozialverhalten im Unterricht und in den Pausen? Wie könnten Sie sie bei diesem Lernprozeß unterstützen?

Sich selbst und das andere Geschlecht wahrnehmen

Die Kinder setzen sich mit ihrem Selbstbild als Mädchen bzw. Jungen und ihrem Bild vom anderen Geschlecht auseinander.

Die folgenden Übungen führten wir ausschließlich in geschlechtsgetrennten Gruppen durch und machten damit gute Erfahrungen. Ideal ist, wenn eine Lehrerin die Mädchengruppe übernimmt und ein Lehrer die Jungengruppe.

Mädchen sind, Jungen sind *(Dauer ca. 20–45 Min.)*

Material: Tafel und Kreide oder Wandzeitungen und Stifte, zwei Räume oder Platz für zwei Gruppen in einem Raum

Die Mädchen- und die Jungengruppe macht jeweils ein Brainstorming zuerst über das eigene, dann über das andere Geschlecht. Alle Ergebnisse werden auf der Tafel oder einer Wandzeitung festgehalten. Greifen Sie anschließend konkrete Beispiele auf und fragen Sie die Kinder, warum sie das gesagt haben, worauf sie ihre Meinung begründen oder warum andere dieser Meinung sind. Welche Aussagen stimmen, welche nicht oder nur zum Teil? Warum werden Sachen behauptet, die nicht stimmen? Wichtig ist, daß die Kinder ihre Meinungen über beide Geschlechter hinterfragen.

Erfahrungen: Diese Übung führten wir in einer 4. Klasse mit geschlechtsgetrennten Gruppen durch. Die Mädchen waren sehr lebhaft und diskutierten engagiert und differenziert. Sie nannten überwiegend positive Eigenschaften von Mädchen und negative Eigenschaften von Jungen. Anschließend unterhielten sich die Schülerinnen über die Aussage: „Mädchen sind schöner als Jungen". Ein Mädchen sagte: „Mädchen sind nicht immer schöner – es ist auch Geschmackssache". Ein anderes meinte: „Wenn Jungen nicht schön wären, würden wir uns wohl nicht in sie verknallen." Bei der Diskussion über die Aussage „Mädchen sind gefühlvoller" nannten die Schülerinnen mehrere Beispiele von Vätern, Freunden und Erziehern, die sich um sie oder andere Kinder gekümmert hätten und ihre Gefühle offen zeigten, z. B. durch Weinen.

Die Diskussion in der Jungengruppe, die die Klassenlehrerin parallel durchführte, lief sehr viel schleppender. Die Aussagen der Jungen deuteten eher auf ein negatives Selbstbild hin. Als ein Schüler meinte: „Jungen sind stärker", entgegnete ihm ein schmächtiger, aber durchaus selbstbewußter Klassenkamerad: „Bei mir hat die Natur versagt". Ein anderer Junge berichtete von seiner Schwester, die als Baby schwer krank war und mehrmals operiert werden mußte. Der Arzt habe gemeint: „Wenn sie ein Junge wäre, wäre sie wahrscheinlich gestorben". Die Schüler mußten daraus schließen, daß Jungen doch nicht unbedingt stärker sind. Noch Monate später bei der Gesamtauswertung der Spielstunden erinnerte sich ein anderer Schüler an diese Diskussion und berichtete, er habe sie gut gefunden, „weil nicht alle so wichtig getan haben und alle was gesagt haben".

Vorbilder *(Dauer ca. 30 Min.)*

Material: zwei Räume oder Platz für zwei Gruppen in einem Raum

Vorbereitung: die Übung für sich selbst durchführen

Mädchen und Jungen für diese Übung trennen. Besprechen Sie mit den Kindern, was Vorbilder sind. Geben Sie am besten ein eigenes Beispiel von einem gleichgeschlechtlichen Vorbild und erzählen Sie, warum diese Person für sie ein Vorbild ist. Fragen Sie die Mädchen: Wer sind eure Vorbilder? Was findet ihr toll an diesen Frauen? Inwieweit entsprechen oder entsprachen sie traditionellen Rollenzuschreibungen? Kennt ihr Frauen, für die z. B. der Beruf genauso wichtig oder wichtiger ist als Beziehungen oder Familie? Wie findet ihr das?

Fragen Sie die Jungen: Wer sind eure Vorbilder? Was findet ihr toll an diesen Männern? Inwieweit entsprachen sie traditionellen Rollenzuschreibungen? Kennt ihr Männer, für die Beziehungen und Familie genauso wichtig sind wie ihr Beruf? Wie findet ihr das?

Traditionelle Geschlechterzuschreibungen hinterfragen und flexible Geschlechterentwürfe entwickeln

Traditionelle geschlechtsbezogene Rollenzuschreibungen in der Schule, in der Familie und in der Gesellschaft werden problematisiert. Die Kinder vergleichen diese mit ihren eigenen Erfahrungen und entwickeln dabei eine flexiblere Vorstellung davon, wie Mädchen und Frauen, Jungen und Männer sich fühlen und verhalten (können).

Viele der folgenden Übungen finden in Form von Brainstorming statt. Das hat den Vorteil, daß die Kinder unverbindliche Aussagen machen können, die nicht begründet werden müssen und die die Klasse anschließend personenungebunden besprechen kann. Die Schwierigkeit bei diesen Übungen ist, sich mit herkömmlichen Rollenzuschreibungen von Mädchen und Frauen, Jungen und Männern auseinanderzusetzen, ohne diese unbeabsichtigt zu bestätigen. Die Kinder sollen die ganze Bandbreite ihrer Erfahrungen kennenlernen und somit ihre Vorstellungen von Geschlechterentwürfen erweitern. Das setzt natürlich voraus, daß sie im Alltag Frauen und Männer nicht nur in ihren herkömmlichen Rollen erleben.

Was ziehen wir an?

Besprechen Sie folgende Fragen mit der Klasse: Was ziehen Mädchen und Jungen an? Was sind die Vor- und Nachteile von bestimmten Kleidungsstücken (z. B.: Kleider sind schöner und bequemer im Sommer, Hosen sind praktischer, aber im Sommer zu warm, Röcke werden von den Jungen hochgehoben)? Gibt es Unterschiede zwischen Mädchen- und Jungenbekleidung? Warum? Muß es Unterschiede geben? Bist du mal für einen Jungen bzw. ein Mädchen gehalten worden? Wie war das für dich?

Variationen: Besprechen Sie die Fragen erst in geschlechtsgetrennten Gruppen, dann in der ganzen Klasse.

Erfahrungen: Unterschätzen Sie nicht, wie einschneidend die Erfahrung, für das andere Geschlecht gehalten zu werden, für Kinder sein kann. Ihre Geschlechtszugehörigkeit macht einen wesentlichen Teil ihrer Identität aus!

Abgewandelt nach einer Idee von Stanzel, 1986, S. 140

Befragung: Wie sind Mädchen, wie sind Jungen? *(Dauer ca. 70 Min. in zwei Schulstunden)*

Material: Papier und Stifte

Die Kinder entwerfen einen Fragebogen für ihre Eltern und ihre Lehrkräfte. Die Erwachsenen werden gefragt, wie ihre Vorstellungen von Mädchen und Jungen sind. Nach der Befragung, die in Kleingruppen durchgeführt wird, werden die Ergebnisse zusammengetragen und besprochen. Sind die Kinder mit den Antworten der Erwachsenen einverstanden? Warum haben die Erwachsenen wohl so geantwortet?

Abgewandelt nach einer Idee von Stanzel, 1986, S. 141

Wer macht was? *(Dauer ca. 20–30 Min.)*

Material: Wandzeitungen und Stifte

Fragen Sie die Kinder, welche Arbeiten zu Hause anfallen, z. B. kochen, putzen, Kinder betreuen, arbeiten gehen, und schreiben Sie die Antworten auf eine Wandzeitung auf. Gehen Sie die Liste noch einmal durch und fragen Sie, wer welche Arbeiten ausführt. Welchen Sinn hat diese Aufgabenteilung? Sind alle Beteiligten damit zufrieden? Was würden die einzelnen gerne verändern? Kennt ihr Familien, in denen das ganz anders läuft?

Abgewandelt nach einer Idee von Stanzel, 1986, S. 141

Umgang mit sexueller Belästigung

Die Kinder setzen sich mit Situationen innerhalb und außerhalb der Schule auseinander, bei denen sie sexuell belästigt werden oder andere sexuell belästigen. Dabei sollen in der Regel die Mädchen lernen, deutliche Grenzen zu setzen, während die Jungen lernen, die Grenzen der Mädchen zu respektieren.

Das Ja-Nein-Spiel

Teilen Sie die Klasse in Paare auf. Die Paare stehen sich gegenüber und unterhalten sich nur mit zwei Worten: Eine Person sagt „Ja", die andere „Nein". Nach ein bis zwei Minuten werden die Rollen getauscht. Anschließend führen einige Paare ihr Ja-Nein-Spiel vor. Fordern Sie gezielt zurückhaltende Kinder dazu auf. Besprechen Sie dann mit allen, ob und wie unterschiedlich sich das „Jasagen" und das „Neinsagen" anfühlte. Was fiel euch schwer? Was machte Spaß?

Variation: Führen Sie zuerst die Übung in geschlechtergetrennten Gruppen durch. Das gibt den Mädchen die Möglichkeit, selbstbewußtes Auftreten auszuprobieren. Besonders die Schüchternen unter ihnen können sich davon überzeugen, daß ihr „Nein" überhaupt etwas bewirkt, und sie werden sich eher trauen, vor der Gruppe zu spielen. „Ja" und „Nein" können auch auf konkrete Situationen bezogen werden.

Erfahrungen: Gewöhnlich entwickelt sich eine lebhafte (mitunter sehr laut-starke) und durchaus abwechslungsreiche Unterhaltung. Die Kinder ent-decken viele Möglichkeiten, mal laut, mal leise, mal fragend ihr Ja und Nein vorzutragen.

Atemübung

Spielidee: Zwerchfellatmung üben, Kräfte spüren

Es geht bei dieser Übung darum, bewußter atmen zu lernen, und zwar vom Zwerchfell und nicht von der Brust aus, weil aus dem Zwerchfell viel mehr Energie kommt. Wenn man aus dem Zwerchfell spricht, wird die Stimme tiefer und wirkt stärker.
Die Klasse steht im Kreis. Die Kinder legen ihre Hände auf das Zwerchfell, atmen langsam ein und aus und fühlen, wie es größer und kleiner wird. Während sie bis fünf zählen, atmen die Kinder langsam ein. Beim Ausatmen sagen sie „ho, ho, ho". Nun können sie das Zwerchfell spüren, wenn sie es richtig gemacht haben (erfordert meist einige Übung). Lassen Sie mehrere Kinder einen Satz vom Zwerchfell her sprechen. Diese Übung sollte in Abständen immer wieder gemacht werden.

Abgewandelt nach: Prutzman u.a., 1988, S. 42

Persönliche Grenzen *(Dauer ca. 30 Min.)*

Vorbereitung: Machen Sie sich über Ihre eigenen Grenzen Gedanken

Diese Übung wird in geschlechtsgetrennten Gruppen durchgeführt. Sprechen Sie mit den Kindern darüber, wie nah sie andere an sich heranlassen wollen. Persönliche Grenzen hängen von den Menschen, ihren Gefühlen und der Situation ab. Manchmal fühlt man sich jemandem sehr nah und möchte sie oder ihn umarmen und auch selbst berührt werden. Manchmal ist man traurig oder ärgert sich und möchte von allen in Ruhe gelassen werden. Manche Menschen sind eher distanziert, manche anderen gegenüber meistens offen. Jeder Mensch, auch jedes Kind, hat seine eigenen persönlichen Grenzen anderen gegenüber, die sich auch ändern können. Jeder hat das Recht, daß seine Grenzen respektiert werden.

Fragen Sie die Kinder nach ihren Erfahrungen mit Grenzverletzungen in der Klasse und in der Schule. Was ist passiert, wer hat ihre Grenzen verletzt und wie? Wie und mit welchem Erfolg haben sie sich dagegen gewehrt?

Machen Sie mit den Mädchen bzw. Jungen eine Liste: „Was will ich nicht?

Was geht zu weit?" Wenn die Kinder einverstanden sind, kann sich die ganze Klasse anschließend treffen, sich gegenseitig die Listen vorlesen und weiter darüber sprechen.

Variation: Überlegen Sie mit den Kindern Strategien zum Umgang mit Grenzverletzungen in der Klasse; daraus können Sie auch gemeinsam Klassenregeln erarbeiten.

Rollenspiel: Nein sagen *(Dauer ca. 30 Min.)*

Die Übung wird in getrennten Mädchen- und Jungengruppen durchgeführt; sie ist für Mädchen besonders wichtig. Fragen Sie die Kinder nach einer Situation, in der sie Nein sagen wollten, sich das aber nicht getraut haben oder die Person ihr Nein überhört hat. (Beispiele: Eine Verwandte hat dich umarmt oder hochgehoben, und du wolltest es nicht; ein Junge hat deinen Rock hochgehoben.) Wie ging es dir da, was hat du gemacht, was hat die andere Person gemacht?

Eine Kleingruppe spielt die Situation nach den Anweisungen der Betroffenen nach und bespricht sie anschließend. Fragen Sie die Kinder, was das Mädchen bzw. der Junge in der Situation machen könnte, wenn es noch einmal passiert. Machen Sie der Gruppe ein leises und ein lautes Nein vor. Üben Sie mit der ganzen Gruppe das Neinsagen ein, und zwar mit einer lauten, kräftigen Stimme und eindeutiger Körperhaltung. Dann wird die Situation mit der neuen Reaktion noch einmal durchgespielt und ausgewertet. Wie fühlte sich die Betroffene dieses Mal, wie reagierte die andere Person?

Abgewandelt nach einer Idee von Braun, 1989, S. 46

Berührungen *(Dauer ca. ein bis zwei Schulstunden)*

Vorbereitung: Überlegen Sie Beispiele aus Ihrer eigenen Kindheit

Die Übung wird in getrennten Mädchen- und Jungengruppen durchgeführt; sie ist für Mädchen besonders wichtig.

Fragen Sie die Kinder, welche angenehmen und unangenehmen Berührungen sie kennen. Gibt es Berührungen, bei denen sie unsicher sind?

Erklären Sie den Kindern die Begriffe „Ja-Gefühle", „Nein-Gefühle" und „komische Gefühle": Ja-Gefühle sind eindeutig schöne Gefühle (z.B. kuscheln), Nein-Gefühle sind eindeutig schlechte Gefühle (z. B. gehauen werden), und komische Gefühle sind welche, bei denen man sich unsicher ist, ob man sie schön oder schlecht finden soll. Fordern Sie die Kinder auf, Beispiele zu geben. Erklären Sie ihnen, daß sie immer das Recht haben, nein zu sagen, wenn sie etwas nicht wollen oder wenn sie sich unsicher sind. Es kann z. B. sein, daß sie mit der Mutter normalerweise gerne kuscheln, nicht aber, wenn sie gerade mit ihr Streit haben – dann brauchen sie es auch nicht zu machen.

Fragen Sie jetzt nach konkreten Situationen, die die Mädchen bzw. Jungen selbst erlebt haben, in denen sie sich unwohl fühlten bzw. ein komisches Gefühl hatten. Was ist passiert? Was hat das betroffene Kind getan? Wie hat die andere Person reagiert? Die Betroffene spielt die Situation mit einem anderen Kind vor, so wie sie passiert ist. Dann überlegt die Gruppe, wie das Kind sein Anliegen eindeutig vorbringen könnte. Die Situation wird noch einmal durchgespielt und ausgewertet.

Abgewandelt nach einer Idee von Mebes, 1988, S. 4 f.

Kräfte spüren

Diese Übung wird ausschließlich in der Mädchengruppe durchgeführt. Es werden Paare gebildet, die etwa die gleiche Körpergröße haben. Jedes Paar stellt sich Rücken an Rücken auf. Die Mädchen heben sich abwechselnd. Dann versuchen zwei oder drei Mädchen gemeinsam, Sie in eine Ecke zu ziehen; das machen mehrere Mädchen hintereinander, bis alle dran waren. Dann versuchen die Mädchen wieder in Paaren oder Kleingruppen, Sie über eine Linie zu ziehen. Als letztes versuchen die Mädchen, Ihnen etwas wegzunehmen.

Abgewandelt nach einer Idee von Braun, 1989

Ich wehre mich *(Dauer ca. 35 Min.)*

Material: ein Raum mit Teppich oder Turnmatten

Diese Übung wird ausschließlich mit Mädchen durchgeführt. Fragen Sie die Mädchen, ob sie schon einmal von Jungen belästigt wurden. Lassen Sie die Mädchen einige erlebte Situationen schildern. Wie ging es ihnen dabei? Wie haben sie sich gewehrt? Stellen Sie dann einen Stuhl in die Mitte des Kreises. Der Stuhl stellt den Jungen dar, der das Mädchen geärgert hat (nehmen Sie auf eine der geschilderten Situationen konkreten Bezug). Was sagst du also diesem Jungen? Die Mädchen reden nacheinander mit dem Stuhl und drücken ihren Unmut aus. Fordern Sie die Mädchen auf, klar zu sagen, was sie wollen und nicht wollen. Achten Sie darauf, daß sie ihre Anliegen überzeugend darstellen und fordern Sie sie wenn nötig auf, lauter zu sprechen.

Im zweiten Teil üben die Mädchen, sich zu wehren, wenn sie von hinten angegriffen werden. Zwei spielen zusammen; die erste ist die Angreiferin, die zweite die Angegriffene, dann tauschen sie die Rollen und wiederholen die Übung. Sie dürfen sich nicht gegenseitig wehtun, sollen aber ein Gespür für ihre Kräfte bekommen und dieses Gefühl genießen (in beiden Rollen).

Im dritten Teil der Übung üben die Mädchen, wie sie sich in konkreten Situationen wehren können. Sie spielen eine Situation durch, benennen, was der Junge tut, d. h., wie er sie belästigt („He! Du tust mir weh!"), sagen, wie sie das finden („Das will ich nicht!"), und fordern den Jungen auf, etwas Konkretes zu tun oder zu lassen („Hör damit auf!"). Besprechen Sie mit den Mädchen anschließend, wie sie sich bei dem Rollenspiel fühlen und wie zögerlich oder überzeugend sie wirkten.

Abgewandelt nach einer Idee von Braun, 1989

Austoben *(Dauer ca. 30–45 Min.)*

Material: ein Raum mit Teppich oder Turnmatten

Diese Übung wird ausschließlich mit Jungen durchgeführt. Fordern Sie die Jungen nacheinander auf, in die Mitte des Kreises zu gehen und mit einem etwa gleichgroßen Klassenkameraden zu kämpfen. Absolute Regel ist, daß niemandem weh getan werden darf. Fragen Sie die Jungen, was ihnen beim Kämpfen Spaß macht und was sie daran stört. Woher wissen sie, wann Spaß und wann Ernst ist? Haben sie ein Signal vereinbart, um klarzumachen, wenn sie aufhören wollen, wenn sie Angst haben, verletzt zu werden?

4.6 Gewaltfreie Konfliktaustragung

Im Rahmen der ersten fünf Themenbereiche haben Sie die Voraussetzungen gewaltfreier Konfliktaustragung erarbeitet. In diesem Kapitel biete ich Ihnen Möglichkeiten an, *mit Kindern direkt an ihren Konflikten zu arbeiten.* Die Kinder sollen erfahren, was Konflikte sind; sie sollen ihr eigenes und das Konfliktverhalten anderer verstehen und einschätzen lernen; und sie sollen konkrete Strategien zum konstruktiven Umgang mit Konflikten entwickeln bzw. einüben.

In diesem Kapitel benutze ich verschiedene Begrifflichkeiten in bezug auf Konflikte und Konfliktaustragung. Den Begriff „Konflikt" definierte ich bereits im 2. Kapitel. Kindern gegenüber spreche ich auch von *Problemen, Streit* und *Ärger.* Konflikte führen häufig – aber nicht zwangsläufig – zu Streit und Ärger. Man kann Konflikte austragen oder Probleme lösen, ohne sich zu streiten oder zu ärgern (diese Unterscheidung werden kleinere Grundschulkinder vermutlich nicht begreifen). Ich spreche inzwischen bewußt von *Konfliktaustragung* oder *Konfliktregelung* statt Konfliktlösung. Natürlich wird immer eine einvernehmliche Lösung angestrebt – diese ist aber häufig nicht erreichbar.

Der Schwerpunkt der Konfliktarbeit liegt auf der Auseinandersetzung mit den *Alltagskonflikten* der Kinder. Sie sollen erkennen, welche Faktoren ihr Verhalten in Konflikten beeinflussen. Wie jedes andere Verhalten wird auch das Konfliktverhalten in der Familie, in pädagogischen Institutionen und im Umgang mit Gleichaltrigen gelernt. Die persönliche Einstellung zu Konflikten hängt von den bisherigen Konflikterfahrungen der Kinder ab. Kinder aus Familien, in denen Konflikte durch Autorität und womöglich physische Gewalt geregelt werden, haben einen völlig anderen Zugang zu Konflikten als Kinder aus Familien, die versuchen, ihre Konflikte einvernehmlich zu regeln. Kinder, die gelernt haben, ihre Gefühle auszudrücken und ihre Wünsche und Bedürfnisse zu artikulieren, die erfahren haben, daß Konflikte unangenehm, aber auch spannend sein und positive Veränderungen bewirken können, gehen ganz anders Konflikte an als Kinder, die Konflikte ausschließlich als negativ und bedrohlich erlebt haben. Diese unterschiedlichen Einstellungen beeinflussen wesentlich die Art der Konfliktaustragung.

Auch Lehrerinnen werden aggressiv und provozieren damit Konflikte mit Kindern, obwohl sie selten offensichtlich gewalttätig werden. Indem sie aber bestimmte Kinder nicht in ihrer gesamten Persönlichkeit, sondern nur ihre negativen Verhaltensweisen und Äußerungen wahrnehmen und kommentieren („Das habe ich mir schon vorher denken können!" „Ich habe nicht erwartet, daß du diese Aufgaben lösen kannst."), wirken auch sie indirekt gewalttätig. Viele Lehrerinnen wollen sich nicht eingestehen, daß sie Aggressionen gegen Kinder empfinden. Sie versuchen ihre eigenen Aggressionen mit dem provozierenden Verhalten der Kinder zu begründen und geben damit die Verantwortung für ihre eigenen Gefühle und ihr eigenes Handeln ab. Sie appellieren an die Kinder, sich anders – weniger aggressiv – zu verhalten, und merken nicht, daß sie sie selbst vormachen.

Der Erfolg der „Konfliktarbeit" hängt von individuellen Faktoren ab. Zu ihnen gehören das Alter und der Entwicklungsstand der Kinder, das Ausmaß ihrer persönlichen Schwierigkeiten, das soziale Miteinander in der Klasse, die Unterstützung durch das Kollegium und die Eltern und – nicht zuletzt – Ihr Engagement. Die Konfliktarbeit gewinnt an Effektivität, wenn Sie nicht nur von den Kindern Verhaltensveränderungen verlangen, sondern auch Ihr eigenes Konfliktverhalten in der Klasse hinterfragen, sich selbst gewissermaßen „verunsichern" lassen. Versuchen Sie die Ideen, die in den Übungen bearbeitet werden, in den Schulalltag einzubeziehen. Nehmen Sie immer wieder auf die Lernerfahrungen im Rahmen der Spielstunden Bezug. Und seien Sie vorsichtig: Nur wenn Sie weder bei sich selbst noch bei den Kindern schnelle radikale Verhaltensveränderungen erwarten, werden Sie kleine, aber bedeutende Fortschritte wahrnehmen können.

Die Übungen sind nach folgenden Gesichtspunkten unterteilt:

- Konflikte verstehen
- Konfliktverhalten von Mädchen und Jungen
- Konflikte gewaltfrei austragen.

Sehen Sie sich noch einmal ihre Antworten auf die im 1. Kapitel gestellten Fragen zur Klärung von Konflikten in der Klasse an. Daraufhin können Sie die Schwerpunkte für die anstehende Arbeit zum Thema „Gewaltfreie Konfliktaustragung" setzen.

Konflikte verstehen

Die Kinder reflektieren über ihre eigenen Erfahrungen mit Konflikten und lernen, Konfliktverläufe wahrzunehmen.

Bei den folgenden Übungen ist es wichtig, daß die Kinder nicht nur über Konflikte sprechen, sondern sie immer wieder vorspielen. Alle Klassen fanden es sehr lustig, wenn Erwachsene ihnen Konflikte zwischen Kindern vorspielten. Auf diese Weise konnten sie ihr eigenes Verhalten aus einer neuen Perspektive wahrnehmen.

Konflikte

Spielidee: Einführung des Themas „Konflikte" anhand eines Rollenspiels

Vorbereitung: mit einer Kollegin ein Rollenspiel zu einem Alltagskonflikt der Kinder vorbereiten

Erzählen Sie den Kindern, daß Sie mit Ihrer Kollegin eine Situation unter Kindern vorspielen wollen und daß sie genau aufpassen sollen, was da passiert. Besprechen Sie nach dem Rollenspiel folgende Fragen mit den Kindern: Was war da los? Streitet ihr euch auch manchmal? Mit wem? Über was? Wie geht es euch dabei, welche Gefühle habt ihr?

Was ist ein Konflikt?

Fragen Sie die Kinder, was sie unter dem Begriff „Konflikt" verstehen. Wenn sie den Begriff nicht kennen, können Sie ihn folgendermaßen erklären: Ein Konflikt ist, wenn zwei oder mehrere Kinder oder Erwachsene sich nicht einigen können. Zum Beispiel ist es ein Konflikt, wenn zwei Menschen etwas anderes wollen und beides nicht geht. Ein Konflikt kann zu einem Streit werden, muß aber nicht. Fragen Sie die Kinder: Mit wem habt ihr Konflikte (z. B. mit Freunden, Eltern, Geschwistern, Klassenkameradinnen, Lehrerinnen, den Erzieherinnen im Hort)? Könnt ihr mir ein paar Beispiele von Konflikten geben, die ihr erlebt habt? Kann man auch mit sich selbst einen Konflikt haben?

Welche Konflikte erleben wir?

Material: dicke Stifte und Wandzeitungen

Die Klasse macht ein Brainstorming zu der Frage „Welche Konflikte erleben wir?" Durch Striche werden Zusammenhänge zwischen den verschiedenen

Konfliktbereichen aufgezeigt. Wenn die Kinder z. B. angeben, mit Eltern oder Geschwistern Konflikte zu haben, fragen Sie nach, um welche Konflikte es sich handelt.

Erfahrungen: In einer 4. Klasse ergaben sich die abgebildeten Ergebnisse:

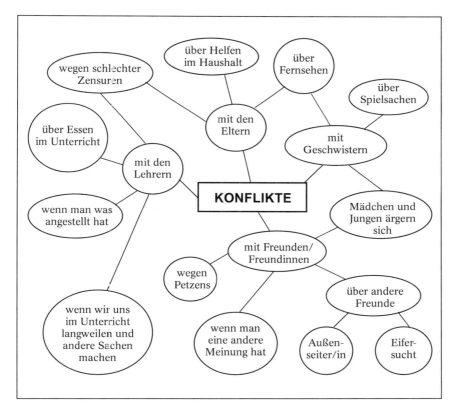

Abgewandelt nach einer Idee von Kreidler, 1984, S. 53 f.

Konflikte beobachten *(Dauer ca. 60 Min. an zwei Tagen)*

Altersstufe: 3. bis 4. Klasse

Material: Beobachtungsbogen (s. S. 98)

Vorbereitung: Bereiten Sie mit einigen Kindern aus der Klasse Rollenspiele zu Alltagskonflikten vor

Die Rollenspiele zu Alltagskonflikten werden der Klasse vorgespielt und entlang folgender Fragen besprochen: Worum ging es bei dem Konflikt (z. B.

Streit um einen Stuhl oder ein Spielzeug)? Wie wurde der Konflikt ausgetragen (durch Schreien, Hauen, Beleidigtsein, Ignorieren)? Wie ging der Konflikt aus (z. B. es passierte nichts, die Lehrerin ging dazwischen, die Streitparteien einigten sich)? Anschließend bekommt jedes Kind einen Beobachtungsbogen und die Aufgabe, in den nächsten zwei Tagen drei Konflikte zu beobachten und zu dokumentieren. Die Ergebnisse der Beobachtungsbögen werden in einer Diskussion zusammengetragen. Suchen Sie mit den Kindern Gemeinsamkeiten zwischen den Konfliktabläufen, z. B.: Wenn man sich prügelt oder aus dem Weg geht, findet man keine gemeinsame Lösung.

	Konflikt 1	Konflikt 2	Konflikt 3
Worum ging es?			
Wie wurde der Konflikt ausgetragen?			
Wie ging er aus?			

Abgewandelt nach: Henriquez u. a., 1987, S. I-36

Konflikte verstärken und entschärfen *(Dauer ca. 30 Min.)*

Altersstufe: 3. bis 4. Klasse

Material: dicke Stifte und Wandzeitungen

Erklären Sie den Kindern, daß es kleine Konflikte gibt, die nicht so wichtig sind. Diese Konflikte sind für die Beteiligten nicht schlimm – sie ärgern sich darüber nur ein bißchen. (Fragen Sie nach einem Beispiel für einen solchen Konflikt.) Es gibt aber auch große Konflikte, die einen wirklich stören und beschäftigen. Diese Konflikte machen manchmal einen Zickzackkurs auf und ab, d. h., man bekommt Wut, dann versteht man sich, und manchmal wird man dann wieder wütend. (Fragen Sie nach einem Beispiel für einen solchen Konflikt. Sie können auch diese zwei Konfliktarten an der Tafel bildlich darstellen.) Manchmal kann man beeinflussen, ob ein Konflikt klein bleibt oder größer wird. Bei dieser Übung überlegen wir, wie man den Konflikt beeinflussen kann.

Im Brainstormingverfahren beantworten die Kinder folgende Fragen: Durch welches Verhalten kann man einen Konflikt verstärken? Welches Verhalten entschärft den Konflikt (macht ihn weniger schlimm)? Schreiben Sie alle Antworten auf die Wandzeitungen auf. Gehen Sie mit den Kindern die Listen noch mal durch und unterscheiden Sie zwischen Verhaltensweisen der Streitenden selbst und Verhaltensweisen von Außenstehenden. Achten Sie darauf, ob es auf beiden Listen Überschneidungen gibt: Unter welchen Umständen sind diese Verhaltensweisen hilfreich bzw. nicht hilfreich? Oder ist es so, daß manche Kinder z. B. die Frage einer Lehrerin „Was ist los?" als hilfreich, andere sie als eine Provokation empfinden?

Variation: Als Weiterführung der Übung können Sie die Kinder in Kleingruppen Rollenspiele machen lassen. Sie können einen Alltagskonflikt zweimal durchspielen. Beim ersten Mal verschärft sich der Konflikt, beim zweiten Durchgang entschärft er sich.

Abgewandelt nach: Henriquez u. a., 1987, S. I-7 f.

Wut im Bauch *(Dauer ca. 30 Min.)*

Spielidee: die Kinder überlegen, wie sie Konflikte provozieren, wenn sie ihre Wut an Unbeteiligten ablassen

Altersstufe: 3. bis 4. Klasse

Im ersten Teil der Übung fragen Sie die Kinder: Wer hat manchmal Wut im Bauch? Was macht ihr, wenn ihr wütend seid? Greifen Sie einige Beispiele auf, bei denen die Kinder ihre Wut an anderen, nicht Betroffenen rauslassen. Fragen Sie die Kinder, warum sie das tun. Fragen Sie, ob sie ihr Problem damit lösen. Versuchen Sie klarzumachen, daß sie neue Probleme schaffen, wenn sie ihre Wut an Unbeteiligten auslassen. Zum Beispiel: Du ärgerst dich über deine schlechte Note beim Diktat und stellst deiner Tischnachbarin ein Bein. Löst du damit dein Problem mit der schlechten Note? Was passiert mit der Tischnachbarin? Noch ein Beispiel: Deine Mutter sagt, du mußt dein Zimmer aufräumen und darfst nicht fernsehen. Du schreist deinen Bruder an. Löst du damit dein Problem mit dem Aufräumen? Was passiert mit deinem Bruder?

Im zweiten Teil der Übung steht die Klasse im Kreis. Sie fordern alle Kinder auf, gleichzeitig einen wütenden Satz zu schreien. Manchmal hat man Wut im Bauch und muß sie irgendwie zurückhalten oder für später aufheben, wenn kann. Wie macht ihr das? Stellen Sie den Kindern die folgenden zwei Möglichkeiten vor, mit Wut umzugehen, und üben Sie sie mit ihnen im Stehkreis ein:

Wut verdampfen: Denke an etwas, worüber du dich geärgert hast. Spanne deine Muskeln an und atme ein. Zähle leise bis fünf, während du ausatmest, und entspanne dich vom Kopf bis in die Füße. (Fragen Sie die Kinder, ob jemand sagen möchte, woran er gedacht hat, und wiederholen Sie die Übung.)

Luftballon: Denke wieder an etwas, worüber du dich geärgert hast. Halte deine Arme über dem Kopf wie ein Luftballon und atme langsam ein. Dabei wird der Luftballon dicker. Atme langsam aus und laß die Luft aus dem Luftballon (diesen Vorgang dreimal wiederholen).

Fragen Sie die Kinder, wie sie sich nach den Übungen fühlen. Wann könntet ihr diese Übungen machen? Würde das helfen, die Wut zurückzuhalten?

Abgewandelt nach: Kreidler, 1984, S. 120 f.

Wie tragen wir Konflikte aus? *(Dauer ca. 30–45 Min.)*

Vorbereitung: Streitsituationen für Rollenspiele überlegen

Im ersten Teil der Übung lernen die Kinder verschiedene Möglichkeiten der Konfliktaustragung kennen. Geben Sie eine Konfliktsituation vor (z. B. zwei Kinder streiten sich über Buntstifte), und fragen Sie, welche Kinder Lust haben, den Streit zu spielen. Die Kinder spielen den Streit spontan zu Ende. Arbeiten Sie mit ihnen heraus, wie der Konflikt ausgetragen wurde, und fragen Sie, auf welche Weise die Streitenden ihren Konflikt noch hätten austragen können. Lassen Sie andere Kinder weiterspielen, bis sie auf alle drei unten beschriebenen Lösungsmöglichkeiten kommen (zur Not können Sie selbst mitspielen). Schreiben Sie die drei Lösungswege an die Tafel:

Streit: Ich setze mich mit Schreien oder Hauen durch und achte gar nicht auf den anderen.

Nachgeben: Ich wehre mich nicht und gebe nach.

Verhandeln: Ich versuche, mich durchzusetzen, achte aber auch auf den anderen. Wir überlegen, wie wir beide das bekommen können, was wir wollen.

Fragen Sie die Kinder nach eigenen Beispielen und ordnen Sie diese den drei Lösungswegen zu (vielleicht kommen die Kinder auf weitere Möglichkeiten, Konflikte auszutragen, z. B. Hilfe bei anderen Kindern oder bei Erwachsenen zu holen).

Fragen Sie die Kinder: Welche der drei Möglichkeiten tun dir oder anderen weh? Bei welchen kann man eine gute Lösung für beide Streitparteien finden? Erklären Sie, daß man durch Verhandeln meistens eine Lösung finden kann.

Wenn man verhandelt, ist man nicht mehr *im* Konflikt, sondern man spricht *über* den Konflikt.

Im zweiten Teil der Übung spielen die Kinder Konfliktsituationen vor, die sie selbst erlebt haben. Wichtig ist, daß alle drei Lösungsmöglichkeiten dargestellt werden.

Variation: Die drei Möglichkeiten, Konflikte auszutragen, werden nicht mit den Kindern gemeinsam erarbeitet, sondern in Form von Rollenspielen (oder Bildern) vorgegeben. Bereiten Sie mit einer Kollegin oder mit zwei Kindern drei Rollenspiele vor, die Alltagskonflikte der Kinder aufzeigen. Spielen Sie zu Beginn der Stunde die vorbereiteten Rollenspiele der Klasse vor. Die Rollenspiele stellen einen Konflikt dar, der drei verschiedene Ausgänge nimmt. Beim ersten Durchgang endet der Konflikt in Streit, beim zweiten gibt eine Konfliktpartei nach, beim dritten Durchgang sprechen die Konfliktparteien miteinander, suchen und finden eine gemeinsame Lösung. Fragen Sie die Kinder, welche Unterschiede sie festgestellt haben. Welche Möglichkeiten gibt es, Konflikte auszutragen? Benennen Sie die drei im Rollenspiel dargestellten Möglichkeiten und schreiben Sie diese auf die Tafel. (Die Übung wie oben beschrieben weiterführen.)

Konfliktverhalten von Mädchen und Jungen

Die Kinder lernen, ihr Konfliktverhalten als Mädchen bzw. Jungen und das Konfliktverhalten des anderen Geschlechts wahrzunehmen. Zurückhaltende Mädchen werden bestärkt, sich in Konflikten zu behaupten; aggressive Jungen werden ermutigt, bei Konflikten Rücksicht auf andere zu nehmen.

Wie unterschiedlich Mädchen und Jungen ihre Konflikte austragen, zeigte sich in einer 3. Klasse, als wir die Kinder darum baten, in Rollenspielen Stärke und Schwäche darzustellen. Zwei Jungen spielten, wie sie einen Dritten drängten und bedrohten. Zwei Mädchen machten sich über eine dritte Schülerin lustig. Die Dynamik bei den Rollenspielen war die gleiche: Man fühlt sich stark, wenn man (gemeinsam) andere bedrängt. Die Mädchen bedrängten aber ausschließlich verbal, die Jungen verbal und physisch.

Viele dieser Übungen werden in geschlechtsgetrennten Gruppen durchgeführt. Für Jungen ist es besonders dringend, daß ein Lehrer mit ihnen die Übungen macht. Jungen brauchen eine männliche Identifikationsfigur, die ihnen vorlebt, daß es nicht unmännlich ist, Schwäche zu spüren bzw. zu zeigen oder zu verlieren.

Mädchenstreit, Jungenstreit *(Dauer ca. 30 Min.)*

Material: Wandzeitung oder Papier

Teilen Sie die Klasse in Mädchen- und Jungengruppe auf. Eine Kollegin übernimmt die Mädchengruppe, ein Kollege – falls möglich – die Jungengruppe.

Fragen Sie die Mädchen: Worüber streiten sich Mädchen untereinander? Wie tragt ihr eure Konflikte aus (z. B. durch Reden, Brüllen, Hauen, Ignorieren)? Schreiben Sie alle Antworten der Mädchen auf und besprechen Sie diese mit ihnen. Fragen Sie nach, wie die Mädchen Streit untereinander und Streit mit den Jungen erleben.

Fragen Sie die Jungen das Gleiche. (Fragen Sie nach, wie die Jungen Streit untereinander und Streit mit den Mädchen erleben.)

Rollenspiel: Wenn Mädchen zu Mädchen und Jungen zu Jungen gemein sind ... *(Dauer ca. 30–45 Min.)*

Spielidee: Die Kinder üben in geschlechtsgetrennten Gruppen, mit Gemeinheiten innerhalb der Geschlechter konstruktiv umzugehen.

Altersstufe: 3. bis 4. Klasse

Diese Übung wird in Mädchen- und Jungengruppen durchgeführt und schließt an die vorherige Übung an.

In der Mädchengruppe: Fassen Sie kurz zusammen, was die Mädchen darüber gesagt haben, wie es ist, wenn sie zueinander gemein sind. Lassen Sie die Mädchen in Kleingruppen eine Situation vorspielen, in der ein oder zwei Mädchen einem anderen Mädchen eine Gemeinheit antun (s. Vorschläge unten). Werten Sie mit den Mädchen diese Situation aus: Was geht in dem angreifenden Mädchen vor, warum ist es gemein? Wie geht es dem Mädchen, das angegriffen wird? Welche Möglichkeiten hat es, sich konstruktiv zu wehren? Lassen Sie die Kinder die Situation wieder durchspielen mit dem Unterschied, daß das angegriffene Mädchen sich dieses Mal wehrt.

Spielen Sie das Gleiche in der Jungengruppe durch.

Vorschläge für Situationen:
Jessica kommt aus einer Familie mit wenig Geld und hat keine schönen Kleider; sie spielt eine Außenseiterrolle in der Klasse. Sophie ist immer chic angezogen und zieht Jessica auf, weil sie merkwürdige Klamotten trägt.

Kolja ist körperlich schwächer und kränklicher als die meisten seiner Klassenkameraden, ist aber Klassenbester. Steve provoziert Kolja auf dem Pausenhof und will mit ihm kämpfen.

Erfahrungen: Die Auswertung der einzelnen Rollenspiele ist sehr wichtig. Die Kinder sollen positive Anregungen erhalten, wie sie mit Konflikten umgehen und sie evtl. lösen können.

Für die Situationsvorschläge bedanke ich mich bei Ruthhild Großhennig.

Wenn Mädchen und Jungen gemein sind ... *(Dauer ca. 20–30 Min.)*

Teilen Sie die Klasse in Mädchen- und Jungengruppe auf. Eine Kollegin übernimmt die Mädchengruppe, ein Kollege die Jungengruppe. Beide Gruppen schreiben folgende Sätze zu Ende (oder diktieren ihre Antworten, wenn sie noch nicht schreiben können):

Als ich mal erlebt habe, daß ein Mädchen zu einem Jungen gemein war ...
Als ich mal erlebt habe, daß ein Junge zu einem Mädchen gemein war ...

Besprechen Sie die Antworten mit den jeweiligen Gruppen. Warum seid ihr manchmal zu Jungen bzw. Mädchen gemein? Welche Erfahrungen habt ihr damit? Wie geht es euch, wenn ein Junge bzw. Mädchen zu euch gemein ist? Welche Erfahrungen habt ihr damit?

Rollenspiele: Ärger mit Jungen, Ärger mit Mädchen *(Dauer ca. 30–45 Min.)*

Spielidee: Die Kinder machen sich bewußt, was passiert, wenn Mädchen und Jungen sich streiten, und üben Gegenstrategien ein.

Führen Sie die Übung in geschlechtsgetrennten Gruppen durch. Fragen Sie die Kinder zu Beginn nach ihren Erfahrungen, wenn Mädchen Jungen und Jungen Mädchen ärgern. Wer fängt meistens an? Wie ärgern Mädchen Jungen? Wie reagieren die Jungen? Wie ärgern Jungen Mädchen? Wie reagieren die Mädchen? Warum ärgern sie einander? Was haben sie davon?

Sie können anschließend beide Gruppen beide Situationen vorspielen lassen (sie ärgern andere und sie werden geärgert). Fragen Sie nach jedem Rollenspiel: Wie ging es dir in den verschiedenen Rollen? Warum ärgerst du Jungen (Mädchen)? Was kannst du tun, um dem anderen „den Wind aus den Segeln zu nehmen" (dich nicht ärgern zu lassen)? Lassen Sie die Kinder diese Möglichkeiten durchspielen.

Vorschläge für Situationen:
Drei Mädchen spielen in der Spielecke friedlich miteinander. Drei Jungen kommen und wollen dort spielen. Sie versuchen, die Mädchen aus der Spielecke zu drängen.

Zwei Jungen jagen ein Mädchen auf dem Schulhof während der Pause, ziehen ihr den Rock hoch, machen sich über sie lustig und versuchen, ihre Unterhose runterzuziehen. Luise sagt öfter „Fettsack" zu Richard. Richard ist dick und hat rote Haare.

Simone ist ein etwas frühreifes Mädchen. Lukas belästigt sie immer wieder, hebt ihr den Rock hoch und macht sich lustig über ihren Busen.

Anschließend fragen Sie die Mädchen bzw. Jungen, was für unangenehme Situationen sie selbst erlebt haben, und spielen diese nach.

Stark sein, schwach sein *(Dauer ca. 20–30 Min.)*

Spielidee: Die Kinder überlegen in geschlechtsgetrennten Gruppen, was Stärke und Schwäche für sie bedeuten.

Fragen Sie die Kinder: Wann hast du dich mal ganz stark gefühlt? (Lassen Sie die Kinder von ihren Erfahrungen erzählen, sie eventuell aufmalen.) Heißt Stark-Sein immer größer zu sein als die anderen und auf Kleinere einzuhauen? Fühlst du dich nur stark, wenn du andere klein machen kannst? Woran machst du das fest, ob jemand sich stark fühlt oder nicht? Mache mir vor, wie du dastehst, wenn du dich stark fühlst.

Wechseln Sie das Thema, indem Sie sagen, daß es gar nicht möglich ist, sich immer stark zu fühlen. Jeder fühlt sich mal schwach. Wann ging es dir das letzte Mal so? Heißt Schwach-Sein immer kleiner zu sein als die anderen und bedrängt oder herumkommandiert zu werden? Wem kannst du das erzählen, wenn du dich schwach fühlst? Wie können dir andere helfen, wenn du dich schwach fühlst? Woran merkst du, ob jemand schwach ist oder nicht? Mache mir vor, wie du dastehst, wenn du dich schwach fühlst.

Rollenspiele: Stärke und Schwäche *(Dauer ca. 30 Min.)*

Spielidee: Die Kinder spielen in geschlechtsgetrennten Gruppen Situationen, in denen sie sich stark und schwach fühlten.

Diese Übung schließt an die vorherige an und wird in Mädchen- und Jungengruppen durchgeführt. Greifen Sie Situationen auf, die die Kinder bei der letzten Übung geschildert haben. Lassen Sie die Kinder eine Situation spielen, in der sie sich stark fühlen, ohne aber andere dabei zu unterdrücken. Dann spielen die Kinder eine Situation, in der sie sich schwach fühlen und etwas dagegen tun können. (Überlegen Sie gemeinsam, was Kinder tun können, um mit dem Gefühl der Schwäche klarzukommen, z. B. weggehen, jemanden um Hilfe bitten.)

Für Jungen ist es besonders wichtig zu lernen, Gefühle von Schwäche zuzulassen. Machen Sie den Jungen klar, daß jeder sich manchmal schwach fühlt und daß das ganz normal ist. Es ist nicht in Ordnung, jemanden anzugreifen, um sich wieder stark zu fühlen.

Für Mädchen ist es besonders wichtig zu lernen, ihre Stärken zu spüren und diese nach außen zu zeigen: Denke an deine Stärken, wenn du dich schwach fühlst.

Vorschläge für Situationen: Osman ist in der 2. Klasse und hat Angst vor Hakan aus der 4. Klasse, weil dieser ihn nach der Schule bedroht hat. Hakan hat von Osman verlangt, daß er ihm jede Woche 5 DM gibt, sonst schlägt er ihn zusammen. Osman hat außerdem Angst, der Lehrerin und seinen Eltern zu erzählen, was los ist.

Rade und Sarah gehen in die 3. Klasse. Sie prügeln sich auf dem Pausenhof, weil Rade zu Sarah „Hure" gesagt hat. Sarah verletzt Rade an der Lippe, so daß er blutet und weint – sie selbst ist aber nicht verletzt.

Konflikte gewaltfrei austragen

Die Kinder erfahren, daß es viele mögliche Lösungen für ein Problem gibt. Sie üben den gewaltfreien Umgang mit Konflikten ein und erweitern damit ihr Verhaltensrepertoire in bezug auf die Konfliktaustragung.

Unsere Erfahrungen zeigten, daß Kinder durchaus in der Lage sind zu beurteilen, ob eine Konfliktaustragung fair und ausgewogen ist, und ob alle Konfliktparteien dabei „gewinnen". Allerdings war bei den Rollenspielen der Übergang zwischen Streit und Konfliktlösung häufig unvermittelt. (Zum Beispiel stritten sich zwei heftig, als plötzlich ein Kind fragte: Wollen wir uns wieder vertragen? Damit schien der Streit vergessen.) Wir mußten die Kinder immer wieder auffordern, den *Prozeß der Konfliktlösung* deutlich zu machen. Sie sollten schildern bzw. vorspielen, was in ihnen vorgegangen war, daß es zu einer Lösung kommen konnte.

Ein weiterer wichtiger Punkt war die Frage der Übertragung von Lernerfahrungen. Immer wieder hatten die Kinder bei Übungen und Rollenspielen auch Ideen, wie sie Konflikte gewaltfrei lösen konnten. Wenn sie kurz darauf in einen echten Streit verwickelt waren, schienen alle Ideen vergessen, und sie verhielten sich so wie immer. Erwarten Sie also keine kurzfristigen radikalen Veränderungen im Alltagsverhalten der Kinder in bezug auf Konflikte. Solche Lernprozesse brauchen – übrigens auch bei Erwachsenen – viel Zeit.

Was ist mit den Eseln los?

Material: eine vergrößerte Kopie des Eselbildes (s. S. 22)

Vorbereitung: die letzten zwei Sequenzen des Eselbildes abdecken

Hängen Sie das Eselbild für alle sichtbar auf (die letzten beiden Sequenzen sind abgedeckt). Fragen Sie die Kinder, was mit den Eseln los ist: Was ist ihr Problem? Wie ist es dazu gekommen? Fassen Sie die Problembeschreibung zusammen und fragen Sie, wie es mit den Eseln weitergehen kann: Welche Möglichkeiten haben sie, ihr Problem zu lösen? Warten Sie ab, bis mehrere verschiedenartige Lösungen genannt wurden. Besprechen Sie mit den Kindern die Vor- und Nachteile der Lösungen. Dann decken Sie die letzten zwei Bilder auf und fragen: Welche Lösung haben die Esel gefunden? Wie war es möglich, daß die Esel zu dieser Lösung kommen konnten? (Zum Beispiel: Sie haben angehalten und über den Konflikt gesprochen; sie haben zusammen überlegt, was sie tun können, um das Problem zu lösen.) Was haltet ihr von dieser Lösung? Könnt ihr etwas von den Eseln lernen? Es ist wichtig, daß die Kinder erkennen, was in den Eseln vorgegangen ist, damit es zu der Lösung kommen konnte.

Erfahrungen: In bezug auf das Eselbild kamen die Kinder immer wieder auf überraschende Ideen:

● Die Esel fressen erst einen Heuhaufen, dann den zweiten gemeinsam auf, wobei die Gefahr besteht, daß sie sich darüber streiten, wer schneller frißt;

● sie gehen gemeinsam hinter einen Heuhaufen und schieben diesen näher an den anderen heran, damit beide gleichzeitig am eigenen Haufen fressen können;

● sie beißen die Schnur durch und fressen beide am eigenen Haufen;

● sie ziehen so lange an der Leine, bis einer gewinnt;

● sie ziehen so lange an der Leine, bis sie sich verletzen und nicht mehr fressen können.

Konfliktlösungen

Altersstufe: 3. bis 4. Klasse

Material: für alle sichtbar: das vergrößerte Eselbild und eine Wandzeitung mit dem unten angegebenen Schema, dicke Filzstifte

	Klara gewinnt	Klara verliert
Siegfried gewinnt		
Siegfried verliert		

Erzählen Sie den Kindern zur Einleitung, daß es für Konflikte häufig viele verschiedene Lösungen gibt. Anhand des Eselbildes werden einige Möglichkeiten ausgearbeitet. Für diese Übung erhalten die Esel Namen, und zwar heißen sie Klara und Siegfried. Zeigen Sie auf das Schema. Klara und Siegfried suchen eine Lösung für ihr Problem. Sie können eine Lösung finden, bei der einer gewinnt und einer verliert, bei der beide verlieren oder bei der beide gewinnen. Wie sieht die Lösung aus, bei der Klara gewinnt und Siegfried verliert, Siegfried gewinnt und Klara verliert, beide verlieren, beide gewinnen? (Schreiben Sie nach und nach die Lösungsmöglichkeiten auf die Wandzeitung.) Fragen Sie die Kinder anschließend nach eigenen Beispielen für Lösungen, bei denen einer gewinnt und einer verliert, beide verlieren oder beide gewinnen.

Variation: Sie können die Übung weiterführen, indem Sie mit den Kindern einen Alltagskonflikt aus der Klasse nach dem gleichen Schema analysieren.

Abgewandelt nach einer Idee von Kreidler, 1984, S. 57 f.

Rollenspiel: Die Esel und wir *(Dauer ca. 45 Min.)*

Spielidee: Rollenspiele mit und ohne Verlierer werden vorgeführt.

Altersstufe: 3. bis 4. Klasse

Vorbereitung: Bereiten Sie mit einer Kollegin ein Rollenspiel zu einem Alltagskonflikt der Kinder vor.

Spielen Sie gemeinsam mit Ihrer Kollegin erst den Konflikt vor, wie er normalerweise abläuft (ohne eine gute Lösung für beide). Fragen Sie die Kinder, was los war, welches Problem die zwei hatten. Im zweiten Anlauf spielen Sie den Konflikt mit einer Lösung vor, die für beide Seiten befriedigend ist. Fragen Sie die Kinder, wie es zu dieser Lösung kam: Was machten die Streitparteien, um zu der Lösung zu kommen (z. B. redeten über den Konflikt, hörten einander zu)?

In Kleingruppen bereiten dann die Kinder Rollenspiele vor. Sie spielen erst einen Konflikt vor, wie er normalerweise abläuft (z. B. einer gewinnt und einer verliert), dann eine Lösung, bei der beide gewinnen. Die Kinder müssen deutlich machen, was das Problem ist (also nicht schreien und prügeln) und wie es zu der Lösung kam. Nach der anschließenden Vorführung wird in der ganzen Gruppe besprochen, ob die Lösung beiden gerecht wurde und realistisch war.

Variation: Statt zur Einleitung ein Rollenspiel vorzuspielen, können Sie den Kindern eine Konfliktgeschichte mit zwei „Lösungen" vorlesen und mit ihnen besprechen.

Für die Anregung zu dieser Übung bedanke ich mich bei Luise Letschert und Ulf Blanke von der Unesco-Realschule Dierdorf.

Konflikte in der Klasse *(Dauer ca. 20–30 Min.)*

Spielidee: Lösungen für typische Konflikte suchen

Altersstufe: 3. bis 4. Klasse

Vorbereitung: genaue Angaben für die Situationsbeschreibungen überlegen

Für diese Übung wird die Klasse in Kleingruppen aufgeteilt. Sie geben eine Konfliktsituation vor, über die alle Gruppen gleichzeitig sprechen. Die erste Aufgabe ist, den Konflikt zu definieren (Was ist das Problem?). Geben Sie den Gruppen dafür etwa drei Minuten. Die Gruppen tragen dann ihre Antworten vor, und diese werden kurz besprochen. Dann fordern Sie die Kinder auf, eine Lösung für das Problem zu überlegen (Was können die Beteiligten tun, um ihr Problem zu lösen?). Nach wiederum drei Minuten fragen Sie, welche Lösung die Kinder gefunden haben. Jede Gruppe trägt ihre Lösung vor und diese werden besprochen. Anschließend können Sie eine neue Konfliktsituation vorgeben.

Vorschläge für Situationsbeschreibungen:

Prügelei: Joscha und Andreas sind in der 2. Klasse. Sie mögen einander nicht und streiten sich oft. Heute haben sie in der großen Pause auf dem Hof gespielt und sich darüber gestritten, wer wie viele Murmel gewonnen hat. Dann gab es eine fürchterliche Prügelei, bei der Joscha eine blutige Nase bekam und Andreas am Arm verletzt wurde. Was ist das Problem? Wie können die beiden es lösen?

Beleidigungen: Susanne und Martin gehen zusammen in die 3. Klasse. Sie sitzen an einem Tisch und verstehen sich meistens gut. Gerade haben sie sich darüber gestritten, wer den Tisch nach dem Basteln aufräumen soll, weil gleich Schulschluß ist und sie beide schnell nach Hause wollen. Plötzlich fängt Susanne an, Josef wüst zu beschimpfen. Was ist das Problem? Was können Susanne und Josef tun?

Klauen: Ina ist ein Mädchen in der 4. Klasse. Ina und ihre Mutter leben von der Sozialhilfe und haben deswegen wenig Geld. Ina bekommt nur 2 DM Taschengeld in der Woche. Sie hat sich schon öfter darüber beklagt, daß sie nicht mehr Geld von ihrer Mutter bekommt. In letzter Zeit ist mehreren Kindern in der Klasse Geld gestohlen worden. Die anderen Kinder verdächtigen Ina. Einmal wurde sie erwischt, als die Lehrerin in der großen Pause ins Klassenzimmer kam und Ina dabei war, Geld aus der Jackentasche von Maren zu nehmen. Ina sagt, das war das einzige Mal. Was ist das Problem? Was kann Ina tun? Was kann die Lehrerin tun? Was kann die Klasse tun?

Aus Versehen weh tun: Die 4. Klasse soll sich nach der großen Pause zu zweit aufstellen, um zusammen zum Schwimmunterricht loszugehen. Es kommt zu einer Rangelei um die Plätze. Angelika wurde von hinten heftig geschubst und trat aus Versehen auf Manfreds Fuß. Manfred wird wütend, schreit Angelika an und will auf ihren Fuß stampfen. Was ist das Problem? Wie können die beiden es lösen?

Streit zwischen zwei Klassen: Die Klassen 4a und 4b sind Erzfeinde. In den Pausen gibt es oft Streitereien zwischen den Kindern der zwei Klassen, und manchmal spucken die Kinder der einen Klasse Wasser ins Klassenzimmer der anderen. Was ist das Problem? Was können die Kinder tun?

Erfahrungen: Es ist wichtig, darauf zu achten, daß die Kinder bei den Lösungen an alle Seiten denken und fair sind.

Rollenspiele: Streit in der Schule *(Dauer ca. 10 Min. in der ersten, ca. 45 Min. in einer zweiten Stunde)*

Spielidee: Alltagskonflikte in der Schule aufarbeiten

Material: eventuell Stift und Papier für jedes Kind

Vorbereitung: Kärtchen vorbereiten

Die Kinder schreiben alleine oder in Kleingruppen Konfliktsituationen auf, die sie in der Schule erlebt oder mitbekommen haben. (Kleinere Kinder können Sie befragen und die Antworten aufschreiben.) Übertragen Sie die Konfliktsituationen auf Karteikärtchen. Verteilen Sie die Kärtchen bei der nächsten Spielstunde an Kleingruppen, die den Konflikt den anderen in der Klasse vorspielen. Nach jedem Rollenspiel besprechen Sie mit den Kindern, was bei dem Konflikt los war und welche Möglichkeiten die Beteiligten hätten, um den Konflikt konstruktiv zu beenden. Die Gruppen spielen eine konstruktive Lösung vor, die auch ausgewertet wird: War die Lösung fair? War sie realistisch?

Erfahrungen: Typische Konflikte waren: Streit über einen Stuhl im Stuhlkreis; wer ist erste in der Schlange; Streit darüber, wem Stifte oder Spielsachen gehören; ein Kind nimmt einem anderen die Stifte weg und wirft sie durch die Gegend; ein Mädchen will ein Spiel machen, zwei andere Mädchen kommen und nehmen ihr das Spiel weg, weil sie es auch spielen wollen. Es kamen aber auch Konflikte zur Sprache, in die Erwachsene verwickelt waren, z. B. ein Kind macht eine Fensterscheibe kaputt. Der Hausmeister kommt in die Klasse und fragt, wer das getan hat. Ein Kind zeigt auf andere und sagt: „Die haben das gemacht!" Die anderen bestreiten das.

Konfliktgeschichten *(Dauer ca. 20 Min.)*

Spielidee: Kinder erzählen Konfliktgeschichten zu Ende

Lesen Sie eine der unten angegebenen oder eine selbst erlebte oder ausgedachte offene Konfliktgeschichte vor. Fragen Sie die Kinder, was in der Geschichte los ist und wie sie weitergeht.

Angela trifft auf dem Weg nach Hause im Park auf zwei große Mädchen, die Steine nach einer Katze werfen. Die Katze sitzt auf einem Baum und miaut. Angela will der Katze helfen, aber sie hat Angst vor den großen Mädchen. Was ist das Problem? Was kann Angela tun? Warum schmeißen die großen Mädchen Steine nach der Katze? Was soll mit den großen Mädchen passieren? Ist euch schon mal so etwas passiert?

Carola interessiert sich sehr für Dinosaurier. Sie liest nur Bücher über Dinosaurier, sie schreibt nur über Dinosaurier. Manchmal beschäftigt sie sich heimlich mit ihren Dinosauriern, statt ihre Aufgaben in der Schule zu erledigen. Heute hat Herr Ranke sie in der Mathestunde bei der Lektüre eines Dinosaurierbuches erwischt. Er sagte, sie darf sich in der Klasse nie wieder mit Dinosauriern beschäftigen. Wie geht es wohl Carola? Was ist das Problem? Wenn du Herr Ranke wärst, was würdest du tun? Wenn du Carola wärst, wie könntest du Herrn Ranke überzeugen, seine Drohung zurückzunehmen?

Abgewandelt nach: Kreidler, 1984, S. 75 f.

Streit-Formular

Spielidee: Aufarbeitung eines aktuellen Konflikts

Altersstufe: 3. bis 4. Klasse

Material: Kopien eines Streit-Formulars

Vorbereitung: Überlegen Sie sich genau, wie Sie die Streit-Formulare einsetzen wollen. Sollen die Kinder nach jedem Streit, nur nach gewalttätigen Streitigkeiten oder nur nach Aufforderung ein Streit-Formular ausfüllen? Überlegen Sie, wie Sie die Streit-Formulare mit den Kindern auswerten wollen.

Erklären Sie den Kindern das Streit-Formular und füllen Sie gemeinsam mit der Klasse eines aus. Geben Sie bekannt, wo sich die Streit-Formulare befinden und was mit den ausgefüllten Formularen zu tun ist.

Es gibt mehrere Möglichkeiten, die Streit-Formulare einzusetzen. Wenn Sie die Regel eingeführt haben, daß die Kinder sich in der Klasse nicht streiten dürfen, können Sie sie nach jedem (gewalttätigen) Streit das Formular ausfüllen lassen. Dabei können Sie betonen, daß man Probleme durch Streit meistens nicht lösen kann. Besprechen Sie mit beiden Kindern ihre vorgeschlagenen konstruktiven Lösungen: Kommt ihr so besser zu einer Lösung als durch Streit? Sie können auch die Kinder gegenseitig die ausgefüllten Streit-Formulare lesen und kommentieren lassen.

Erfahrungen: Es stellte sich heraus, daß die Aufarbeitung der Streit-Formulare sehr wichtig ist. Es hat keinen Zweck, die Kinder Formulare ausfüllen zu lassen, die unbesprochen in einer Mappe verschwinden.

Manchen Kindern fiel das Schreiben schwer, und die Frage, was sie beim nächsten Mal tun könnten, war für sie zu abstrakt. Außerdem sahen gerade „hartgesottene" Streitende (vor allem Jungen) nicht ein, warum sie sich an der Übung beteiligen sollten. Sie hatten kein Interesse an einer gemeinsamen Lösung, sondern jeder beharrte auf sein Recht.

Streit-Formular

Name: _____

Mit wem hast Du Dich gestritten? _____

Was war das Problem? _____

Wie hat der Streit angefangen?

_____

_____

_____

Habt Ihr durch den Streit das Problem gelöst?

_____

_____

_____

Nenne drei Lösungswege, die Du probieren könntest, wenn es noch mal passiert?

1. _____

2. _____

3. _____

Was möchtest Du dem anderen Kind noch sagen?

_____

_____

_____

Abgewandelt nach: Kreidler, 1984, S. 24 ff.

Die Kinder einer 4. Klasse waren entsetzt über die Aufforderung, ein Streit-Formular auszufüllen: „Soll ich jedesmal, wenn ich Nicola geärgert habe, so ein Ding ausfüllen?" Die Unlust auf das Ausfüllen der Formulare führte in dieser Klasse dazu, daß die Kinder sich weniger stritten!

Streitregeln *(Dauer ca. 45 Min.)*

Material: Wandzeitungen und dicke Stifte

Sagen Sie den Kindern, daß Sie sich mit ihnen über Streitregeln für den Umgang miteinander in der Klasse einigen wollen. Sammeln Sie im Brainstor-mingverfahren Antworten auf die Frage: Welche Streitregeln könnten wir aufstellen? Gehen Sie mit der Klasse die Liste durch und werten Sie die Vorschläge nach folgenden Gesichtspunkten aus: Ist die Regel verständlich? Ist sie fair? Ist sie realistisch, können wir uns daran halten? Wenn Sie sich mit der Klasse über einige spezifische Regeln geeinigt haben (Sie haben ein Vetorecht), können Sie gemeinsam überlegen, was im Einzelfall mit den Kindern passieren soll, die sich nicht an die Regeln halten. An dieser Stelle können Sie sich von den Kindern Anregungen holen, letztlich entscheiden Sie natürlich selbst darüber. Die Kinder sollten allerdings informiert sein, welche Konsequenzen ihr regelwidriges Verhalten haben kann.

Die Regeln werden abgeschrieben und für alle verständlich und verbindlich im Klassenraum aufgehängt. Sie und die Kinder können immer wieder darauf Bezug nehmen.

Die Regeln können von Zeit zu Zeit geändert werden. Solche, die sich als unpraktikabel oder unnötig erwiesen haben, werden gestrichen, neue kommen dazu. Alle Änderungen sollen mit der Klasse besprochen werden.

5. Anhang

Literatur

ALIKI: Gefühle sind wie Farben. Weinheim 1988

ANDRESEN, UTE: So dumm sind sie nicht. Von der Würde der Kinder in der Schule. Weinheim/Berlin 1986

ANTONS, KLAUS: Praxis der Gruppendynamik. Göttingen 1973

BESEMER, CHRISTOPH: Mediation. Vermittlung in Konflikten. Königsfeld 1993

BRAUN, GISELA: Ich sag' Nein. Arbeitsmaterialien gegen den sexuellen Mißbrauch an Mädchen und Jungen. Mühlheim a. d. Ruhr 1989

BRÜNDEL, HEIDRUN/HURRELMANN, KLAUS: Gewalt macht Schule. Wie gehen wir mit aggressiven Kindern um? München 1994

BÜTTNER, CHRISTIAN: Spiele gegen Angst, Streit und Not. Spielpädagogik und soziales Lernen. Waldkirch 1982

CIHAK, MARY K./HERON, BARBARA JACKSON: Games Children Should Play. Glenview, Illinois 1980

COOVER, VIRGINIA/DEACON, ELLEN/ESSER, CHARLES/MOORE, CHRISTOPHER: Resource Manual for a Living Revolution. Philadelphia 1978

FISHER, ROGER/URY, WILLIAM: Das Harvard Konzept. Frankfurt/M. 1988

FLUEGELMAN, ANDREW: Neue kooperative Spiele. Weinheim 1985

FLUEGELMAN, ANDREW: New Games – Die neuen Spiele. München 1988

GALTUNG, JOHAN: Strukturelle Gewalt. Reinbek 1975

GLASL, FRIEDRICH: Konfliktmanagement. Bern/Stuttgart 1990

GORDON, THOMAS: Lehrer-Schüler-Konferenz. Wie man Konflikte in der Schule löst. Hamburg 1977

HAGEDORN, ORTRUD: Konfliktlotsen. Lehrer und Schüler lernen die Vermittlung im Konflikt. Stuttgart 1995

HENRIQUEZ, MANTI/HOMBERG, MEG/SADALLA, GAIL: Conflict Resolution: A Secondary School Curriculum. San Francisco: Community Board Program, Inc. 1987

HIELSCHER, HANS: Spielen mit Eltern. Heinsberg 1984

HIELSCHER, HANS (Hrsg.): Du und ich – ihr und wir. Heinsberg 1987

JEFFREYS, KARIN/NOACK, UTE: Streiten – Vermitteln – Lösen. Lichtenau 1995

KINGSTON FRIENDS WORKSHOP GROUP: Ways and Means. An approach to problem solving. Kingston upon Thames 1985

KINGSTON FRIENDS WORKSHOP GROUP: Introduction to Mediation. Kingston upon Thames 1991

KORTE, JOCHEN: Faustrecht auf dem Schulhof. Weinheim 1993

KORTE, JOCHEN: Lernziel Friedfertigkeit. Weinheim 1994

KREIDLER, WILLIAM J.: Creative Conflict Resolution. Glenview, Illinois 1984

MASHEDER, MILDRED: Let's play together. London 1989

MEBES, MARION: Stück für Stück. Berlin 1988 (Spiel, zu bestellen über Donna Vita Fachhandel, Rohnmark 11, 24975 Maasbüll)

MELZER, WOLFGANG U.A. (HRSG.): Gewaltlösungen. Schüler '95. Seelze 1995

MICKLEY, ANGELA: Mediation in Schulen: Respekt für die Streitenden in der Konfliktbearbeitung. In: SPREITER, MICHAEL (HRSG.): Waffenstillstand im Klassenzimmer. Weinheim 1993

OERTEL, FRITHJOF (Hrsg.): Gewaltfreie Erziehung. Internationale Projektbeispiele zur Friedenserziehung. Düsseldorf 1986

ORLICK, TERRY: Kooperative Spiele. Weinheim 1982

PRUTZMAN, PRISCILLA/STERN, LEE/BURGER, M. LEONARD/BODENHAMER, GRETCHEN: The Friendly Classroom for a Small Planet. Philadelphia 1988 (Übersetzung erhältlich bei: Weber, Zucht & Co., Steinbruchweg 14, 34123 Kassel, Tel. 05 61 – 51 91 94)

SCHNACK, DIETER/NEUTZLING, RAINER: Kleine Helden in Not. Jungen auf der Suche nach Männlichkeit. Reinbek bei Hamburg 1991

SCHULZ VON THUN, FRIEDEMANN: Miteinander reden 1, Störungen und Klärungen. Reinbek bei Hamburg 1981

SINGER, KURT: Lehrer-Schüler-Konflikte gewaltfrei regeln. Weinheim 1988

SPENDER, DALE: Mit Aggressivität zum Erfolg: Über den doppelten Standard, der im Klassenzimmer operiert. In: Trommel-Plötz, Senta: Gewalt durch Sprache. Frankfurt/M. 1984

SPENDER, DALE: Frauen kommen nicht vor. Sexismus im Bildungswesen. Frankfurt/M. 1985

STANZEL, GABRIELE: Mädchen und Jungen. Verändertes Rollenverhalten als gesellschaftspolitisches Lernziel in der Grundschule. In: Enders-Dragässer, Uta/Stanzel, Gabriele: Frauen Macht Schule. Frankfurt/M. 1986

THOMAS, REGINA/Senatsverwaltung für Schule, Berufsbildung und Sport: Förderung der Chancengleichheit von Mädchen und Jungen in der Berliner Schule. Informationen für Lehrerinnen und Lehrer, Band 1. Berlin 1990

VALTIN, RENATE/PORTMANN, ROSEMARIE (HRSG.): Gewalt und Aggression: Herausforderungen für die Grundschule. Frankfurt/M. 1995

VOPEL, KLAUS: Interaktionsspiele für Kinder/Interaktionsspiele für Jugendliche (jeweils mehrere Bände aus der Reihe „Lebendiges Lernen und Lehren"). Hamburg 1982 – 1988

WALKER, JAMIE: Gewalt und Konfliktlösung in Schulen. Brüssel 1989

WALKER, JAMIE: Gewaltfreie Konfliktlösung an der Schule. In: Senatsverwaltung für Arbeit und Frauen: Gewalt gegen Mädchen an Schulen, Berlin 1993

WALKER, JAMIE: Gewaltfreie Konfliktaustragung lernen – aber wie. In: Spreiter, Michael (Hrsg.): Waffenstillstand im Klassenzimmer, Weinheim 1993

Verzeichnis der Spiele und Übungen

Anweisungen folgen   63
Atemübung   91
Austoben   94

Ballon-Spiel   48
Befragung: Wie sind Mädchen,
   wie sind Jungen?   90
Berührungen   92
Bild zu zweit   82

Die drei Musketiere   46
Du spinnst wohl!   67

Eckenspiel   46
Ein Ort, an dem ich mich wohl
   fühle   55

Farbenspiel   48
Filmdöschen mit Lebensmitteln
   50
Fliegen-Fangen   80
Förderband   80

Gefühle benennen und erkennen
   73
Gefühl und Sprache   73
Gefühlsbilder   74
Gesprächsregeln   70
Gewitter   49
Gutes und schlechtes Zuhören
   69

Hase und Fuchs   79
Heinzelmännchen   56

Ich mag dich, weil …   57
Ich wehre mich   93
Imaginäre Objekte   48

Ja-Nein-Spiel   90

Konflikte   96
Konflikte beobachten   97
Konflikte in der Klasse   108
Konflikte verstärken und
   entschärfen   98
Konfliktgeschichten   109
Konfliktlösungen   106
Kooperatives Buchstabieren   78
Körpersprache   64
Kräfte spüren   93

Lauschen   62
Loskärtchen mit Tiernamen   49

Mädchen sind, Jungen sind   87
Mädchenstreit, Jungenstreit   102
Mir gefällt an der Schule …   57

Namensschilder   44
Namensspiel mit Bewegung   43
Nette und gemeine Sachen   70

Obstsalat-Spiel   48

Pantomime: Etwas, was ich gerne
   mache …   55
Persönliche Grenzen   91
Puzzle-Spiel   81

Ratespiel: Begriffe erraten   79
Ratespiel: Wer bin ich?   55
Rollenspiel: Die Esel und wir   107
Rollenspiele: Ärger mit Jungen,
   Ärger mit Mädchen   103
Rollenspiele mit vorgegebenen
   Gegenständen   79
Rollenspiele: Stärke und
   Schwäche   104
Rollenspiele: Streit in der Schule
   109
Rollenspiel: Nein sagen   92

Rollenspiel: Wenn Mädchen zu
   Mädchen und Jungen
   zu Jungen gemein sind ...   102
Rollenspiel: „Wie teile ich mich
   mit?"   68
Rücken-Botschaften   64

Selbstdarstellungsspiele   56
Spiegelbild   80
Spinnennetz-Namensspiel   44
Stark sein, schwach sein   104
Streit-Formular   110
Streitregeln   112

Utopia bauen   84

Verändere drei Sachen   45
Vorbilder   88

Wandernde Reporterinnen   45
Was hast du gesagt?   70
Was ist ein Konflikt?   96
Was ist mit den Eseln los?   105
Was ziehen wir an?   89
Welche ist deine Kartoffel?   62
Welche Konflikte erleben wir?   96
Wenn ich ein Tier wäre ...   44
Wenn Mädchen und Jungen
   gemein sind ...   102
Wer macht was?   90
Wie mache ich ein
   Käsebrötchen?   62
Wie tragen wir Konflikte aus?   100
Wir einigen uns   83
Wohin gehört der Kopf?   66
Wohin mit meiner Wut?   74
Wut im Bauch   99

Fitmacher für Ihren Unterricht

Lehrer-Bücherei: Grundschule

Die Reihe bietet Anregungen und Praxishilfen, die sich bereits bewährt haben. Alle Bände behandeln Alltagsprobleme in der Grundschule. Hier eine Auswahl von neuen Titeln – über unser komplettes Programm informieren wir Sie auf Wunsch gern.

Die Herausgeber:
Horst Bartnitzky und Reinhold Christiani

Horst Bartnitzky /
Reinhold Christiani (Hrsg.)
Die Fundgrube für jeden Tag
Das Nachschlagewerk für junge Lehrerinnen und Lehrer
1995. 376 Seiten mit Abbildungen
ISBN 3-589-05034-9

Jamie Walker
Gewaltfreier Umgang mit Konflikten in der Grundschule
Grundlagen und didaktisches Konzept – Spiele und Übungen für die Klassen 1 bis 4
1995. 120 Seiten mit Abbildungen
ISBN 3-589-05036-5

Hans-Dieter Bunk
ABC-Projekte
Mit allen Sinnen – In allen Fächern – Beispiele für die Klassen 1 bis 4
1995. 96 Seiten mit Abbildungen
ISBN 3-589-05035-7

Wilfried Metze
Differenzierung im Erstleseunterricht
Bedingungen für erfolgreiches Lesenlernen – Diagnose und Förderung – Ideen, Aufgaben, Spiele, Lernmittel
1995. 136 Seiten mit Abbildungen
ISBN 3-589-05032-2

Ulrike Potthoff / Angelika Steck-Lüschow / Elke Zitzke
Gespräche mit Kindern
Gesprächssituationen – Methoden – Übungen, Kniffe, Ideen
1995. 112 Seiten mit Abbildungen und Kopiervorlagen
ISBN 3-589-05037-3

Reinhold Christiani (Hrsg.)
Auch die leistungsstarken Kinder fördern
Grundlegung und Ideensammlung – Kreatives Lesen, Schreiben, Rechnen – Erkunden, Entdecken, Forschen
1994. 152 Seiten mit Abbildungen
ISBN 3-589-05030-6

Hermann Schwarz
Lebens- und Lernort Grundschule
Prinzipien und Formen der Grundschularbeit – Praxisbeispiele – Weiterentwicklungen
1994. 152 Seiten
ISBN 3-589-05030-6

**Cornelsen Verlag
Scriptor**

Fragen Sie bitte
in Ihrer Buchhandlung!

Fitmacher für Ihren Unterricht

Lehrer-Bücherei: Grundschule

Die Reihe bietet Anregungen und Praxishilfen, die sich bereits bewährt haben. Alle Bände behandeln Alltagsprobleme in der Grundschule. Hier eine Auswahl von neuen Titeln – über unser komplettes Programm informieren wir Sie auf Wunsch gern.

Die Herausgeber:
Horst Bartnitzky und Reinhold Christiani

Gisela Süselbeck
Aufbau eines Grundwortschatzes: Klasse 3 und 4
1996. 112 Seiten mit Abbildungen
Paperback
ISBN 3-589-05018-7

Im Mittelpunkt stehen erprobte Übungen und Arbeitstechniken, mit denen der Grundwortschatz bei Kindern systematisch erweitert und gesichert werden kann. Die Autorin stellt zudem Kriterien für den Aufbau des Wortschatzes vor und macht praktikable Vorschläge zur Leistungsbeurteilung. Der Band führt fort, was mit dem erfolgreichen Vorläufer begonnen wurde:
Ingrid Niedersteberg, Aufbau eines Grundwortschatzes: Klasse 1 und 2.

Heinrich Winter
Praxishilfe Mathematik
1996. 104 Seiten mit Abbildungen
Paperback
ISBN 3-589-05039-X

Der Band präsentiert Praxishilfen zu allen wichtigen Lernzielen der Grundschulmathematik. Vorgestellt werden abwechslungsreiche und kreative Beispiele, Materialien und Projekte für den Unterricht in den Klassen 1 – 4. Die Übungen stärken die Argumentationsfähigkeit der Kinder und sind zugleich geeignet, ihre Umwelt zu erschließen.

Isolde Lenniger
Entspannung und Konzentration
1995. 72 Seiten mit Abbildungen
Paperback
ISBN 3-589-05038-1

Dieser Band stellt Methoden und Techniken vor, um gegen die tägliche Anspannung und Frustration bei Kindern anzugehen. Gezeigt wird, warum Entspannung gerade in der Schule wichtig ist und wie Kinder an entsprechende Übungen herangeführt werden können. Der Übungsteil enthält verschiedene Entspannungsmöglichkeiten für alle Klassenstufen, von Atemübungen über Phantasiereisen bis zum Ausdrucksmalen.

Cornelsen Verlag
Scriptor

Fragen Sie bitte
in Ihrer Buchhandlung!